中华精神家园

强健之源

平衡之美

阴阳调和的思想内涵

（上）肖东发 主编 刘干才 编著

北方妇女儿童出版社

图书在版编目（CIP）数据

平衡之美 / 刘干才编著. —长春：北方妇女儿童
出版社，2015.1
　（中华精神家园）
　ISBN 978-7-5385-8233-8

　Ⅰ．①平… Ⅱ．①刘… Ⅲ．①平衡—通俗读物 Ⅳ.
①B024.3-49

中国版本图书馆CIP数据核字(2015)第007681号

平衡之美：阴阳调和的思想内涵
PINGHENGZHIMEI：YINYANG TIAOHE DE SIXIANG NEIHAN

出 版 人	刘　刚
主　　编	肖东发
编　　著	刘干才
责任编辑	王天明
开　　本	710mm×1000mm　1/16
印　　张	11
字　　数	152千字
印　　刷	北京兴星伟业印刷有限公司
版　　次	2015年5月第1版第2次印刷

出　　版	北方妇女儿童出版社
发　　行	北方妇女儿童出版社
地　　址	长春市人民大街4646号
	邮　编：130021
电　　话	总编办：0431-85644803
	发行科：0431-85640624

定　　价　40.00元（上、下）

　　党的十八大报告指出："文化是民族的血脉，是人民的精神家园。全面建成小康社会，实现中华民族伟大复兴，必须推动社会主义文化大发展大繁荣，兴起社会主义文化建设新高潮，提高国家文化软实力，发挥文化引领风尚、教育人民、服务社会、推动发展的作用。"

　　我国经过改革开放的历程，推进了民族振兴、国家富强、人民幸福的中国梦，推进了伟大复兴的历史进程。文化是立国之根，实现中国梦也是我国文化实现伟大复兴的过程，并最终体现在文化的发展繁荣。习近平指出，博大精深的中国优秀传统文化是我们在世界文化激荡中站稳脚跟的根基。中华文化源远流长，积淀着中华民族最深层的精神追求，代表着中华民族独特的精神标识，为中华民族生生不息、发展壮大提供了丰厚滋养。我们要认识中华文化的独特创造、价值理念、鲜明特色，增强文化自信和价值自信。

　　如今，我们正处在改革开放攻坚和经济发展的转型时期，面对世界各国形形色色的文化现象，面对各种眼花缭乱的现代传媒，我们要坚持文化自信，古为今用、洋为中用、推陈出新，有鉴别地加以对待，有扬弃地予以继承，传承和升华中华优秀传统文化，发展中国特色社会主义文化，增强国家文化软实力。

　　浩浩历史长河，熊熊文明薪火，中华文化源远流长，滚滚黄河、滔滔长江，是最直接源头，这两大文化浪涛经过千百年冲刷洗礼和不断交流、融合以及沉淀，最终形成了求同存异、兼收并蓄的辉煌灿烂的中华文明，也是世界上唯一绵延不绝而从没中断的古老文化，并始终充满了生机与活力。

　　中华文化曾是东方文化摇篮，也是推动世界文明不断前行的动力之一。早在500年前，中华文化的四大发明催生了欧洲文艺复兴运动和地理大发现。中国四大发明先后传到西方，对于促进西方工业社会发展和形成，曾起到了重要作用。

　　中华文化的力量，已经深深熔铸到我们的生命力、创造力和凝聚力中，是我们民族的基因。中华民族的精神，也已深深植根于绵延数千年的优秀文化传统之中，是我们的精神家园。

　　总之，中国文化博大精深，是中华各族人民五千年来创造、传承下来的物质文明和精神文明的总和，其内容包罗万象，浩若星汉，具有很长文化纵深，蕴含丰富宝藏。我们要实现中华文化伟大复兴，首先要站在传统文化前沿，薪火相传，一脉相承，弘扬和发展五千年来优秀的、光明的、先进的、科学的、文明的和自豪的文化现象，融合古今中外一切文化精华，构建具有中国特色的现代民族文化，向世界和未来展示中华民族的文化力量、文化价值、文化形态与文化风采。

　　为此，在有关专家指导下，我们收集整理了大量古今资料和最新研究成果，特别编撰了本套大型书系。主要包括独具特色的语言文字、浩如烟海的文化典籍、名扬世界的科技工艺、异彩纷呈的文学艺术、充满智慧的中国哲学、完备而深刻的伦理道德、古风古韵的建筑遗存、深具内涵的自然名胜、悠久传承的历史文明，还有各具特色又相互交融的地域文化和民族文化等，充分显示了中华民族厚重文化底蕴和强大民族凝聚力，具有极强系统性、广博性和规模性。

　　本套书系的特点是全景展现，纵横捭阖，内容采取讲故事的方式进行叙述，语言通俗，明白晓畅，图文并茂，形象直观，古风古韵，格调高雅，具有很强的可读性、欣赏性、知识性和延伸性，能够让广大读者全面触摸和感受中国文化的丰富内涵，增强中华儿女民族自尊心和文化自豪感，并能很好继承和弘扬中国文化，创造未来中国特色的先进民族文化。

2014年4月18日

思想源流——阴阳之说

养生理论——阴阳协调

处世智慧——阴阳为道

古建蕴涵——阴阳五行

兵家谋略——阴阳燮变

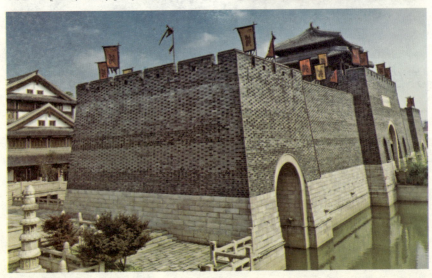

阴阳之说

　　阴阳是我国古代哲学的一对范畴，其最初涵义是很朴素的，表示阳光的向背，向日为阳，背日为阴，后来引申为气候的寒暖，方位的上下、左右、内外，运动状态的躁动和宁静等。

　　我国古代的思想家体会到了自然界中的一切现象都存在着相互对立而又相互作用的关系，就用"阴阳"这个概念来进行解释，并认为阴阳的对立和消长是事物本身所固有的，进而认为阴阳的对立和消长是宇宙的基本规律，最终产生了阴阳学说。

伏羲画八卦展示阴阳规律

伏羲画像

那是在我国神话时代，华夏大地的华胥国有个叫"华胥氏"的姑娘到一个叫雷泽的地方去游玩，偶尔看到了一个巨大的脚印，便好奇地踩了一下，于是就有了身孕，怀孕12年后生下一个儿子，取名为伏羲。

据说伏羲相貌奇伟，他长着蟒蛇的身，鳄鱼的头，雄鹿的角，猛虎的眼，红鲤的鳞，巨蜥的腿，苍鹰的爪，白鲨的尾，长须鲸的须。伏羲有神圣之德，团结统一了华夏各个部落，定都在宛丘，封禅泰山。

伏羲畫八卦圖

■ 伏羲画八卦图

在当时，人对大自然一无所知。天气会变化，日月会运转，人会生老病死，所有这些现象，谁也不知道是怎么回事。人们遇到无法解答的问题，都到宛丘去问伏羲，伏羲解答不了时，感到很茫然，人们为此每天提心吊胆地过日子。

如何了解大自然这些奇奇怪怪的现象，伏羲经常环顾四方，举目六合，揣摩着日月经天，斗转星移，猜想着大地寒暑、花开花落的变化规律。他看到宛丘一带蓍草茂密，认定此草为通灵之物，惊喜万分，就开始用蓍草为人们卜筮。

有一天，伏羲在蔡河里捕鱼，捉到一只白龟，他感到很奇怪，赶快挖了一个大水池，把白龟养了起来。有一次，伏羲正在往白龟池里放食物，有人跑来说蔡河里出了怪物。伏羲来到蔡河边一看，只见那怪物说龙不像龙，说马不像马，在水面上走来走去，如

宛丘 即今天的淮阳县，古时又称陈、陈州，位于河南东部周口市，历史源远流长，是一个古老而神奇的地方。6500多年前，中华人文始祖伏羲在这里建都，他定姓氏、制嫁娶、结网罟、画八卦，肇始了华夏文明；他造干戈、饰武功，统一四海，实现了中华民族的第一次大融合，中华民族始称"龙的传人"。

履平地。伏羲走近水边，那怪物竟然来到伏羲面前，老老实实地站在那儿一动不动。

伏羲仔细审视，见那怪物背上长有花纹：一六居下，二七居上，三八居左，四九居右，五十居中。伏羲薅一节蓍草梗，在地上对照着怪物背上的花纹画下来。他刚画完，怪物大叫一声腾空而起，转眼不见了。大家围住伏羲问这是个啥怪物，伏羲说："它像龙又像马，就叫它'龙马'吧。"

从此，伏羲整天拿着那片蓍草叶，琢磨龙马背上的花纹，怎么也解不开其中的奥妙。

这天，伏羲坐在白龟池边思考，忽听池水哗哗作响，定睛一看，白龟从水底游到他面前，两眼亮晶晶地看着他，接着向他点了三下头，脑袋往肚里一缩，卧在水边不动了。

伏羲面对白龟聚精会神地观察起来。渐渐地，他发现白龟盖上的花纹中间5块，周围8块，外圈儿12块，最外圈儿24块，顿时心里亮堂了，悟出了天地万物的变化规律，脱口说道："一阴一阳而已！"

伏羲用通道儿"—"作阳，叫做阳爻，断道儿"--"作阴，叫做

平衡之美

阴阳调和的思想内涵

八卦图石刻

阴爻，3道儿为一组进行组合，最后组合出8种不同图案，这就是八卦图。

■ 伏羲神像

卦，是我国古人通过测量太阳位置，从而知季节、记录劳作规律的手段。"卦"字的右边"卜"是个象形字，表示在地上竖杆子，右边那一点是太阳的影子；左边的"圭"字是一种尺子，用来测量影子的长度和位置。古人通过测量掌握春耕秋收的各种季节规律。因此，八卦图是伏羲仰观天文、俯察地理，观物取象所做的记录。

伏羲画出了八卦图，人奉之为神，天帝得知后终日心神不安，便命天将下界察看人间出了什么怪事。

此时的伏羲早已用八卦算出了天帝的心机，为防止天将查出八卦图，伏羲就把八卦图埋在地下，并在上面栽一棵柏树。在封土的时候，他左一脚，右一脚，南一踩，北一踩，然后才走开。

爻 本义是绳结。结绳记事时代，在一根绳索上分段打结，表示一定含义。以原始日晷观察日影变化时，用了八根绳索，每根分三段，段中打结。由于用了八根绳索，八卦曾经叫"八索"。八根绳索挂成一排，由"八挂"而有"八卦"，绳索的三段成了卦的三爻，代表一个观察记录的三个要素。

平衡之美

阴阳调和的思想内涵

■ 伏羲庙牌匾

《易经》亦称《周易》，简称《易》。是我国儒家、道家共同经典，分《经》《传》两部分。传说为周文王被拘禁在羑里城时所著，其背景是周文王与商纣王之间的斗争。是我国传统思想文化中自然哲学与伦理实践的根源，对我国文化产生了巨大的影响。被后世誉为"群经之首，大道之源"。

那棵柏树被伏羲这样一弄，人不管站在哪个方向看，左看右倒，右看左倒，南看北歪，北看南歪。结果，天将来查看时，这棵变幻莫测的柏树把天将搞得迷失了方向，到底没有查找到八卦图。

柏树护图有功，后来，伏羲就封这棵柏树为八卦柏。直到现在还是哪看哪歪，很难分辨出它朝哪个方向倾斜，人们都说这是伏羲布下的八卦阵在起作用。

伏羲"八卦"的产生，意味着物质世界已经成型。正如后来《易经·系辞上》给世人展现的一幅太极化生宇宙万物的生发模式：

易有太极，是生两仪，两仪生四象，四象生八卦。

意思是说，天地混沌未分之时，阴阳从中产生，阴阳二气造化生成万物，万物又衍生出来蕴含世间一切的8种表征。

伏羲一画开天，是人类认识史上的飞跃。后人将伏羲用通道儿"—"和断道儿"--"画出的八卦称为"先天八卦"，并按照一定的顺序排列成卦序，将8个卦形分别命名为"乾、兑、离、震、巽、坎、艮、坤"，这8个字分别对应"天、泽、火、雷、风、水、山、地"自然万物。

先天八卦之所以形成这样的卦序，是因为它是按自然万物的发生、发展、变化的规律进行匹配的，这是卦序及方位的理论依据。《易经·说卦传》说：

　　天地定位，山泽通气，雷风相搏，水火不相射，八卦相错，数往者顺，知来者逆，是故，易逆数也。

意思是说，天地确定上下位置，山泽气息相通，雷风相迫而动，水火不相厌恶，八卦相互错杂成六十四卦。以数推算过去顺，预知未来时逆，所以，《易经》的逆数可推算未来事。

先天八卦揭示了阴阳奥秘。八卦每两爻相对，每爻都代表两个性质相反的东西，这就是阴阳相对。也就是说，先天八卦方位图反映了阴阳相对的相互关系。

"天地定位"，即指乾南坤北，天居上，地居下，南北对峙，上下相对。乾由3个阳爻组

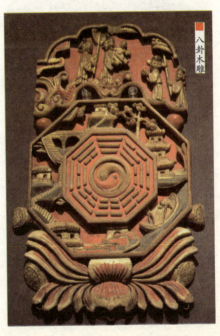

八卦木雕

成，为纯阳之卦；坤由3个阴爻组成，为纯阴之卦。两卦爻象完全相反，可见阴阳相对。

"山泽通气"，即艮为山居西北，兑为泽居东南，泽气于山，为山为雨；山气通于泽，降雨为水为泉。艮是1个阳爻在上，2个阴爻在下；兑是1个阴爻在上，2个阳爻在下。两卦爻象亦成对待之体，也可见阴阳相对。

"雷风相搏"，即震为雷居东北，巽为风居西南，相搏者，其势相迫，雷迅风益烈，风激而雷益迅。震是2个阴爻在上，1个阳爻在下；巽是2个阳爻在上，1个阴爻在下。两卦爻象成反对之象，可见阴阳相对。

"水火不相射"，即离为日居东，坎为月居西，不相射者，离为火，坎为水，得火以济其寒，火得水以济其热，不相熄灭。离的上下分别为2个阳爻，中间为1个阴爻；坎的上下分别为2个阴爻，中间为1个阳爻。两卦爻象也成对待之体。

按先天八卦乾坤、艮兑、震巽、坎离两两对待之本，每一对中都含有顺逆、奇偶、阴阳，即阴中含阳，阳中含阴，阴阳错综交变，这就是先天八卦方位图中的矛盾对立统一的辩证思想，是八卦本着阴阳消长，顺逆交错，相反相成的宇宙生成自然之理，来预测推断世间一切事物，数不

伏羲神像

太昊伏羲氏

太昊伏羲氏之陵

离理，理不离数。

　　由此可见，先天八卦一阴一阳，一转一动，阴阳消长，变化万千，奥妙无穷。自然界的阴阳变化规律即可据此推测出来。

　　总之，伏羲先天八卦是我国古代人特有的生命哲学。它通过天、地、人的阴阳二气，既将人融于天地万物之中，同时又将万物纳入人类自己的生命体验；它既将天地万物进行了人性化的理解，同时又将人道与天道融为一体。

阅读链接

　　从淮阳老城通往北关中途路东环城湖里，有个方形土岗，是伏羲当初画八卦的地方，叫做八卦台。台中央有座八卦亭，亭顶天棚上画有伏羲先天八卦图。亭东有棵歪柏树，便是传说中那棵神奇的八卦柏。八卦台南边一片较深的城湖水域，便是伏羲养白龟的地方，叫白龟池。

　　画卦台上原有不少石碑，正对着画卦台大门，原有伏羲的"先天图"，俗称"石算盘"。画卦台正中，还有两块石碑，一块为"开物成务"，一块为"先天精蕴"，分别竖在石龟背上。这些都是伏羲画卦传说的生动写照。

姬昌著易经揭示阴阳奥秘

大约在公元前11世纪，商王朝的最后一位王位继承者纣王帝辛上台之后刚愎自用，听不进正确意见。

当时，在商王朝的众多诸侯中，西伯侯、鬼侯、鄂侯被纣王任命

为"三公"。鬼侯和鄂侯对纣王强进忠言，结果被纣王杀害，管理西岐的西伯侯姬昌闻知此事后，仅仅是偷偷叹息了一声，就被后世称之为历史上第一个"告密者"的崇侯虎告知纣王，结果姬昌被关在了羑里这座监狱。

纣王将姬昌投进监狱的本意，是

■ 周文王（前1152年—前1056年），姓姬名昌，黄帝的后裔。商纣王统治时，他被封为西伯，也称伯昌。他治理岐山50年，使岐山的政治和经济得到了极大发展。其子姬发得天下后，追尊他为"周文王"。孔子称周文王为"三代之英"。

要惩罚他，可纣王没有想到，他的这个举动却催生了一部影响深远的伟大的经书《易经》。

姬昌被关进羑里监狱时，已经是82岁高龄的老人了，他因为叹息了一声就遭此磨难，其内心的痛苦可想而知。他在入狱最初的那些天，因气愤难息，就在这所高出地面5米的台形监狱里不停地踱步。

■ 周文王雕塑

姬昌强迫自己镇静下来后，他明白他必须接受眼下的现实，不管心中多么不满和气恨，他都暂时无法走出这座监狱。既然如此，那就找点事做吧，要不然，怎么度过漫长的白天和夜晚？在监狱里能做成什么事？有监规在限制着，有武士在监督着，那就思考吧！没有谁能剥夺一个人独立思考的权利。

姬昌当时要思考的事情太多，可只有一个问题最紧迫，那就是自己的命运。他太想知道自己未来的命运了，太想预测自己还会碰到什么，预测等在自己前边的是什么事情。可怎样预测？用何种办法预测？就在这时，他想起了伏羲的八卦，想起了八卦中的乾、兑、离、震、巽、坎、艮、坤。于是，他依此开始琢磨起来。

就这样，姬昌虽身陷囹圄，但胸怀宽宏，自强不息，总结夏商时人们认识自然万物的思想精华，继续

羑里 古地名，一作牖里，在今河南省安阳市汤阴县北4.5千米的羑里城遗址。羑里城是我国遗存下来的历史最悠久的国家监狱遗址，是商末周族领袖姬昌推演八卦和著《易经》的地方。后人为纪念这位伟人，在城址上修建了文王庙，成为人们朝敬先贤周文王的圣地。羑里城以其博大精深的文化内涵而名扬海内外。

平衡之美

阴阳调和的思想内涵

演绎伏羲的八卦，最后演绎出六十四卦，三百八十四爻，每卦有卦辞，爻有爻辞，遂成《易经》。用以探索人生、宇宙变化的原理，推演人生、宇宙和社会变化的规律。

自从姬昌被纣王投入监狱后，在他治理下的西岐的人们一刻也没有停止营救的努力。为了争取姬昌的早日释放，西岐大臣闳夭等人，从有莘氏部落买美女，从骊戎部落、有熊氏部落买骏马，又弄了很多珍奇宝物，献给纣王。

纣王见到如此众多的美女珍宝，高兴地说："这些礼品中有一件就足以释放姬昌了，何况这么多！"于是从羑里监狱中放出了姬昌。

姬昌出狱后，仁慈地请求纣王废除炮烙酷刑。纣王赐给他弓矢斧钺，命他专管征伐。姬昌为后世历代帝王将相、文人学士所称颂，成为人们崇敬的英雄，

■ 竹简《易经》

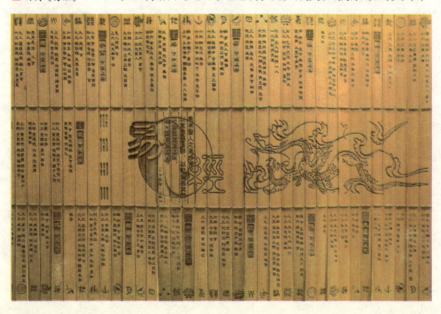

被称为周文王。

春秋时期思想家孔子注《易经》后改名为《周易》。《周易》的"易"字，上半部是个"日"字，下半部是个变形的"月"字，合在一起表示它是专门研究有关日和月，即阴和阳的问题。所谓《周易》，既是指周人祖先进一步研"易"的成果，也是指周人祖先用于指导后人怎样研"易"和用"易"的一部专著，并且形成了自己的特点。

阳、阴在《易经》中是具有普遍意义的范畴。宇宙的一切，都是由相互对立的阴、阳所组成。爻有阴阳、卦有阴阳，这些都是对客观世界中阴阳的描写和反映。

天为阳、地为阴、日为阳、月为阴、山为阳、水为阴。在动物中雄为阳、雌为阴。天道有阴阳，地道有刚柔，人道有仁义。在人类社会中，君为阳、臣为阴。君子为阳、小人为阴。

由于阴阳的交感或相互作用，促进事物的变化。一般而言，各种事物具有一个共同规律，那就是同性相排、异性相吸，因为阴阳是作为两种性质的事物，具有相吸作用，阳长阴消，阴消阳长。当阴、阳的交感处于平衡时，事物处在"变"的阶段；当阴、阳消长失去平衡时，达到物极必反的时候，事物处于

■ 周文王推演周易

弓 是抛射兵器中最古老的一种弹射武器。它由富有弹性的弓臂和柔韧的弓弦构成，当把拉弦张弓过程中积聚的力量在瞬间释放时，便可将扣在弓弦上的箭或弹丸射向远处的目标。弓箭作为远射兵器，在春秋战国时期应用相当普遍，被列为兵器之首。弓是自人类出现战争开始使用到近代枪炮大量使用为止，弓的作用是任何武器无法替代的。

矛盾 矛，古时长柄有刃的兵器，用以刺敌；盾，古代武器名，即藤牌或皮牌，用以抵挡敌人刀剑，防护身体。辩证法上指事物自身包含的既对立又统一的关系。形式逻辑中指两个概念互相排斥或两个判断不能同时是真也不能同时是假的关系。

"化"的阶段，事物将发生质变。

易经的阴阳交感之说作为一种哲学的理念，是符合事物发展客观规律的。当事物发展到极点时，就会产生整体的质变。无论是自然界还是人类社会都具有这学说的理念上充分体现出"平衡""和谐"的原理。"平衡""和谐"是要达到"和谐"，调整到"平衡"归结点还在于"人"。

《易经》强调天道、地道、人道的和谐。天道是阴阳对立体，地道是刚柔对立体，人道是仁道对立体。对立体之间可以互补，互补就是对立中的统一。人道和谐是人类生存和发展的重要条件。因此，《易经》告诫人们要法天则进而实现人道的"和谐"。

《周易》使"阴阳"这一概念进一步纯化，阴阳思想也成了《周易》的指导思想。后人从《周易》中总结出5个方面的阴阳观，这就是：阴阳对立观，阴阳互根观，阴阳消长观，阴阳转化观，扶阳抑阴观。

"阴阳对立观"是说在一切事物的内部，都是由阴和阳对立的两个方面所组成，事物中如果没有了这种矛盾对立的运动，这个事物同时也就不存在了。

"阴阳互根观"，这是在

■ 周文王陵

说，阴阳两方面的对立，都是把对方当作自己存在的根源，也就是说，当作自己存在的前提，没有了对方也就没了自己。

"阴阳消长观"，是讲阴阳在每一事物中所体现出的矛盾与斗争的力量既不是一成不变的，也不会相互处在长期势均力敌的地位上，而往往是以一方为主，一方为次。但在发展中，这主要的一方也会变成次要的一方，使自己在矛盾中所具有的支配地位消失；而次要的一方，又会成长为主要的一方，即在矛盾中成长为具有支配地位的一方，从而使矛盾斗争的主次关系发生根本性的变化。

"阴阳转化观"，这又是讲，阴和阳本身不是属于同一性质的东西，互相转化就是指阴变阳，阳变阴，即指性质发生了变化。

"扶阳抑阴观"，在这个问题上，《周易》的作者把阳当作正义的象征，把阴当作是邪恶的象征。"扶阳抑阴"，就是教人们站在正义者的立场上，扶持正义战胜邪恶，让新生力量战胜腐朽力量。

周文王拘羑里而著的《周易》，其中的阴阳思想奠定了我国博大精深的哲学思想文化体系，以至于《周易》被称为"群经之首，大道之源"，在古代成为帝王之学，是政治家、军事家、商家的必修之术。

阅读链接

相传在上古时，伏羲创造了先天八卦，神农创造了连山八卦，轩辕创造了归藏八卦。从伏羲到神农到轩辕是一种文化的承传，他们的八卦成为散存人间的神奇秘传，没有专门的人去搜集整理，只有商周之际的周文王推演的八卦，著成《易经》，后来经过周公和孔子两个伟大人物的学习、推论解读，才流传了下来。孔子注《易经》后改名为《周易》。

经过历代文人学者与执政阶层的传承，《周易》已经成了我国的《圣经》，诸子百家之源，乃至于人们的日常生活都与之有着密切的联系。

六十四卦中的阴阳寓意

六十四卦是在八卦的基础上衍生、发展起来的。北宋哲学家邵雍认为，六十四卦是由八卦"八分为十六，十六分为三十二，三十二分为六十四"而成。即由8个卦倍生16个卦，再倍生32个卦，最后倍生64个卦。这个推演过程涉及到一个重要的哲学命题，这就是阴阳。

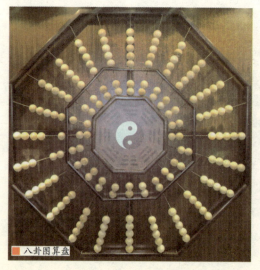

八卦图算盘

《易经·系辞传》说"易有太极，是生两仪"，即天地混沌未分之时，阴阳从中产生。阴阳是矛盾的两个方面，它们是对立的又是统一的。

天地人物瞬息万变，《易经》中六十四卦的每一步生化都是太极生两仪的进一步表现。周文王就是以六十四卦寓意阴阳，显示一切吉凶，并令人知所趋避。

在六十四卦中，周文王通过阴阳变化，教导周武王姬发在执政时要遵循阴阳之道，让百姓安定，江山稳固；告诫天下人遵循阴阳之道，获得安康幸福的生活。从六十四卦的卦象中，可以看到世间万物阴阳变化之数。

六十四卦中将阴阳交感视为天底下最普通、最根本的事情。万物产生的条件乃是阴阳交感。六十四卦中的"咸卦"可谓是对这一思想的鲜明体现。

"咸卦"经文说："咸：亨利贞，娶女吉。""咸"即"感"，意思为相互交感。"咸卦"讲述了一对少男少女浪漫的爱情故事，反映了阴阳交感，万物从生的思想。

周文王在"咸卦"中讲述的故事说：在一个盛夏的日子里，有一位美丽苗条情窦初开的女子，来到鲜花遍野的小山谷边。而附近恰好有个清澈的小山泉，那里的青山与绿水相互映照，远处的短笛声悠扬地袭来，还有好多鸟儿在蓝天上歌唱，于是漫步来到好多蝴蝶翩翩飞舞而寂静的小山泉边。她环顾四周，见没有人影，就慢慢地脱去她美丽的衣裙，来沐浴和玩耍一番。

■ 藏金八卦牌

卦象 即万物之象，它对物对事不只是含有重复或两种意义，而且包含多种意义和多种事物。八卦的卦象，它不仅代表的物象之多，而且还有"八卦之象""六画之象""象形之象""爻位之象""反对之象""方位之象""互体之象"，真可称为象之"群"象。

感应 受外界影响
而引起感受和应
变。感应是宇宙
中的普遍现象，
万物都有感应，
严格来讲，生物
的一切活动都是
感应的结果。宇
宙中的万事万物
都是相互联系
的，相互联系的
方式就是感应。
感应在我国传统
文化中指天人合
一、人神合一。
物理学上指某些
物体或电磁装置
受到电场或磁场
的作用而发生电
磁状态的变化。

说来话巧，此时，正好有位年轻健美的小伙子，就在附近的山石后面。此时的他，忍不住窥视那沐浴的美丽女子，不由自主地生出爱慕之情。于是，一段美丽的爱情故事发生了。

"咸卦"生动地阐释了万物相感应的道理，也道出了精深的"求偶之道"：人与人交往首先是感应，动机纯正，坦诚相待，才能正确感应对方的心思，与对方达成默契。心灵相感是信息传递的一种高级手段，也是人类所具有的本能。人与人之间做到心心相印，心灵相通，爱情、家庭，事业就会更加和谐而圆满。

周文王用"咸卦"教导周武王的是天地、男女心灵相互感应之道：君王与天下人心灵相互感应则万民感化，就能贤者云集，天下归心。君王能够像对待恋人那样细腻地感应百姓的需求和内心的喜怒哀乐，百姓的疾苦还没等说出来，君王就已感知，并及时救民于水火，解百姓之愁苦，如此体恤民众的君王，能不受到民众的爱戴和追随吗？

六十四卦中的"渐卦"主旨是遵循阴阳规律，循序渐进。在此卦中，周文王为周武王讲述了这样一个故事：

一个女子为使天下重归正道，依依不舍地送年轻的丈夫去参军。丈夫走后，女子每日在门前守候爱人回来，有时爬上房屋眺望，有时登上高山远望，最后终于等到了丈夫征战归来，夫妻团聚。

　　这个故事形象生动地描述了在兵荒马乱的年代，女子对征战沙场的丈夫的担忧和度日如年的期盼，展现的是人间真情，奏出的是千古绝唱。

　　周文王"渐卦"通过这个感人的故事告诉人们：阴阳之事、男女之情和子孙繁衍都是天下大事，欲安天下者，必晓男女之情，顺天道，成人伦。做事要遵循循序渐进的规律，新王朝的建立，必然改天换地，移风易俗，更需要循序渐进，稳步进行，决不可急促冒进，否则就会导致改革失败。

　　六十四卦中的"归妹卦"的主旨在于，要想谋求发展，就要为对方的利益着想，满足对方的需要，以获得良好的发展环境。就如同以自己亲爱的妹妹嫁给对方，如卦名"归妹"所表达的意思。

周武王　（约前1087年—约前1042年），周文王的次子。谥号"武"。西周时代青铜器铭文常称其为"斌王"。史称"周武王"。他继承父亲遗志，灭掉商代，夺取全国政权，建立了西周王朝，表现出卓越的军事和政治才能，成为我国历史上的一代明君。

■ 周文王塑像

平衡之美

阴阳调和的思想内涵

宗庙 指古代帝王、诸侯或大夫、士为维护宗法制而设立的祭祀祖宗的处所。同时是供奉历朝历代国王牌位、举行祭祀的地方。我国的宗庙制度是祖先崇拜的产物。人们在阳间为亡灵建立的寄居所即宗庙。帝王的宗庙制是天子七庙，诸侯五庙，大夫三庙，士一庙，庶人不准设庙。

周文王为周武王讲述说，天下初定，执政者应该遵循阴阳和合的人伦之道，让士兵解甲归田，促成男婚女嫁、天下大喜。天地交合则万物群生，男女交合则子孙繁衍，国家兴旺。

同时，周文王也告诫天下人：男女关系一旦确定，便要相伴一生，始终如一，不可轻易解除，否则就是违背天道。婚姻是少男少女生活的终结，也是夫妻生活的开始，这是人生天经地义的大事，必须慎重，不可违背礼仪。女子高贵的品格要胜过外表的虚荣，如果女人缺乏妇德，对丈夫吹毛求疵、满腹幽怨，婚姻就不会幸福。夫妻之间要恪守忠诚，才能使家庭长久而稳定，要防止婚外性行为，否则就会因违背人伦而受到上天的惩罚，使子孙不能延续。

六十四卦中的"涣卦"主旨是畅行天下。周文王为周武王讲述民心处于涣散之时，如何凝聚人心。

■ 影壁墙上的八卦图

并讲述了洪水的凶猛，让周武王带领臣民祭享天地，建立宗庙，祈福上苍保佑黎民百姓。天灾来临，官员要迅速地调派最强健的人马对百姓实施救援，灾难使人们放弃了彼此的恩怨，而变得空前团结，相互协助，共度难关。共患难能最有效地凝聚人心，君王在天灾降临之后要及时采取救援措施，发动民众，众志成城，共度危机。

周文王通过"涣卦"展现了大洪水给人们带来的灾难，并用血的教训提醒人们，平时要祭享天帝，尊天孝祖，行善积德，才能得到上天的保佑，从而风调雨顺，国泰民安。同时本卦还暗示君王在打击邪恶反叛势力时，就像洪水般凶猛，将小人的党群冲散，让百姓安定，江山稳固。

■ 石刻八卦图

人有悲欢离合，月有阴晴圆缺，聚与散，萃与涣，是事物相对立的不同状态，"涣卦"也充分体现了周文王对于阴阳聚散相互转化的自然规律的认知与合理应用。

六十四卦中的"未济卦"主旨是各安其位、天下太平。周文王曾警告周武王以及未来的继位者，他说：应当明辨是非，遵循阴阳之道，遵循太极相生相

自然规律 也叫自然法则，存在于自然界的客观事物内部的规律，即自然现象固有的、本质的联系。具有不以人的意志为转移的客观性，不能被人改变、创造或消灭，但能利用。人类对于自然规律的认识是随着自然科学的发展而发展的，在古代这种认识带有直观性，在近代具有机械论的特征。

克、周而复始之理，这样才能使王朝走得更远，使万民在明君的治理下，政通人和，安居乐业，使国家得以长治久安。

人们常用"时运不济"来形容运气不佳，其实这不济就是六十四卦的"未济"，事物发展到"未济"，就意味着事物要重新开始进入新的循环、新的轮回。充分反映了万事万物相生相克、周而复始的自然规律。

除了上述这几个卦象外，六十四卦的每一卦都蕴含了阴阳之理、天人之道，同样具有研究价值和一定的参考价值。

总之，周文王在3000多年前，总结前人和自身的经验教训，倾尽毕生所学，为后人留下《易经》的六十四卦，其阴阳寓意体现了我国古人对宇宙生生不息的生命规律的认知和对客观规律的准确把握，无疑是文明历史的智慧结晶。

阅读链接

据传说，羲和是太阳之神，望舒是月亮之神。有一次，羲和傲慢地对望舒说："是我让太阳赋予你光明。"望舒不平地说："如果没有我，人间的夜晚会是什么样子？"后来，羲和怂恿"天狗"吃掉了月亮，人间的夜晚漆黑一片。望舒认为日神应受到惩罚，就让"天狗"将他"全食"，羲和只好驾着太阳沉入旸谷，不再日出扶桑，刹那间天昏地暗。这时，嫦娥对望舒说："阴阳应该互补相需，你去请羲和驾车吧。"望舒飞奔到了扶桑，祈求羲和快快驾御日轮，将太阳送上天穹。从此，阴阳相需相感，再无高下之分，日月同辉，万物化生。

老子哲学范畴中的阴阳

老子生活于西周末年至春秋时期。他自幼聪慧，静思好学，喜欢听国家兴衰、战争成败、祭祀占卜、观星测象之事。

老子的母亲望子成龙，就请精通殷商礼乐的商容老先生教授。商容通天文地理，博古今礼仪，深受老子一家敬重。

商容教授老子3年后，推荐老子入周都求深造。当时周都洛邑贤士如云，是天下圣地，尤其是王室守藏室典籍如海，商容认为这里是想成大器者学习的最好场所。

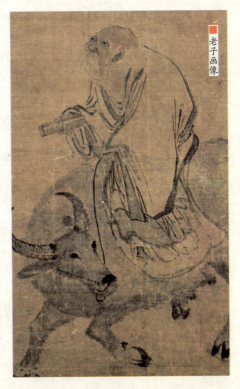

老子画像

老子书写《道德经》

太学 是我国古代的大学。"太学"之名始于夏商周时期，大学在夏为东序，在殷为右学，在周有东胶，而周朝又曾设五大学：东为东序，西为瞽宗，南为成均，北为上庠，中为辟雍。到了汉代，在京师设太学，为中央官学、最高学府。

老子来到洛邑后，先进入太学，天文、地理、人伦等无所不学，无所不览，文物、典章、史书无所不习，3年而大有长进。后来被太学老师举荐入守藏室为吏。

西周守藏室集天下之文，收天下之书，汗牛充栋，无所不有。老子如饥似渴，博览泛观，渐臻佳境，通礼乐之源，明道德之旨，3年后又迁任守藏室史，名闻遐迩，声播海内。

就在老子功成名就的时候，他的恩师商容突患重病，卧床不起，老子赶紧扔下手头的工作，赶去探看。老子走近病床前，发现恩师眼无光彩，面色灰暗，神气衰微，知道恩师将不久于人世，悲悯之情陡然升起，甚为伤感，就问恩师对自己还有什么嘱托。

商容提起精神问："经过故乡要下车，你知道吗？"

老子点点头回答："过故乡而下车，您不就是要我不能忘记故旧吗？"

商容露出笑容说："对啊。那么，经过高大的乔木要小步而行，你知道吗？"

老子回答："知道了。您要我过乔木小步而行，不就是要敬老尊贤吗？"

商容又微笑着点点头，说道："对呀。山川万物，故旧先辈，是为尊大，而吾为小。"

过了一会儿，商容张开嘴问老子："你看看，我的舌头还在不在？"

老子看了看："恩师的舌头还在。"

商容又问道："我的牙齿还在不？"

老子仔细看了看："恩师，您的牙齿一颗也没有了！"

商容接着问道："你知道这是为什么吗？"

025

思想源流

阴阳之说

■ 老子蜡像

老子想了想，回答说：“知道了。舌头之所以还能存在，不就是因为它软弱吗？牙齿之所以全掉了，不就是因为它太刚强了吗？”

商容听后，心中甚悦，再次强打精神，进一步教诲说：“要记住，水虽是至柔之物，但滴水却能穿石；舌头虽然没有牙齿的坚硬，但舌头却能以柔克刚。这就是说，最柔软的东西里，蕴藏着人们不容易看见的巨大力量，这种力量甚至能够穿透世上最坚硬的东西。”

老子说：“先生说得太好了！天下之至柔，驰骋天下之至坚，确实是万世不易的定理。人活着的时候，身体柔软脆弱，去世后尸体就变得僵硬坚挺；草木活着的时候又柔又软，枯萎后就变得坚硬。所以刚强的东西是走向死亡的东西，柔软的东西是生机勃勃的东西。树木太坚硬，容易被吹折；皮革太坚固，容易破裂；军队太强大，容易被消灭；牙齿比舌头硬，所以先消亡。所以强大的东西处于劣势。”

老子接着说：“由此我得出这样的结论：坚强的东西不能克制柔弱的东西。柔弱的东西，积弱则强，积柔则刚。欲强必以弱保之，欲刚必以柔崇之。”

老子壁画

■ 老子出关图

商容摸着老子的手背，感慨地说道："天下的事情，处世待人的道理都在里面了，我再也没有什么可以告诉你的了。"说完，就闭上了眼睛，安详地与世长辞。

老子攥住恩师温软的大手，跪在床前，向恩师的遗体告别。他失声痛哭，泪流满面。

后来，老子铭记恩师的教导，一生摸索阴柔至理，讲求以柔克刚、以弱胜强、水滴石穿之道，感悟良多。

老子为自己立有"十守"的信条，即守虚、守无、守平、守易、守清、守真、守静、守法、守弱、守朴。这些信条，是老子一贯提倡的阴柔的主张，反映出老子深得阴柔奥义。

老子在实践中谨遵"十守"信条。他在西周守藏室做官时，有学问却从不张扬，实而不华；在对待世事方面，强调不与世人所争。老子坚守"无为"，如

儒家学派 又称儒学、儒家学说，是我国古代最有影响的思想学派。"儒"是我国春秋战国时代"百家争鸣"中的一家，是一个学术派别。其学派崇尚"礼乐"和"仁义"，提倡"忠恕"和"中庸"之道，主张"德治"和"仁政"，尤其重视"刑德之治"。重视伦理关系。

竹简《老子》

此一来，反倒使他的名气更大了。

当时的鲁国有个著名的年轻学者，名叫孔丘，因为他很有学问，人称孔子。孔子很佩服老子的学问，就前往周都洛邑，向老子请教学问。这次求教，让孔子眼界大开，彻悟老子"弱柔生存""柔弱胜刚强"的道理。后来，孔子创立了儒家学派，把仁、义、礼、智、信、恕、忠、孝、悌作为儒家思想的核心，从不同角度和一定意义上反映了阴柔之理。孔子也成了影响全世界的"圣人"。

公元前516年，周王室发生内乱，周景王姬贵之子姬朝率兵攻打诸侯的城邑，后来又与旧僚携周王室典籍逃亡楚国。老子受失职之责，因此辞职。随后，他骑一青牛，欲出函谷关，西游秦国。

经过大半生的不懈探索，这时的老子，已经是满腹经纶的超凡的智者，参透世间万物的阴阳之道。在函谷关，老子将自己多年研究所得著成《德道经》一书，其中的阴阳理论，成为我国阴阳概念产生、发展历史上的一个高峰。

在《德道经》中，老子将"阴阳"概念上升为哲学范畴，以此来反映世界万物对立统一的辩证关系，这无疑是前所未有的，同时已有高度的概括和体现。

《道德经》中的"道"，在老子哲学中作为最高范畴，主要是指形成世界万物的本原或构成世界万物的本体，以及世界万物运动变化的规律。这已经成为后世学者注释、研究和争论《道德经》的人们的共识。老子在《道德经》中明确指出：

道生一，一生二，二生三，三生万物。
万物负阴而抱阳，冲气以为和。

"道生一"的意思是说："道"既是规律、法则、秩序，"一"就是生生不息的变化，"道生一"的意思是由"规律"而产生有方向性的变化。"一生二"的意思是说：有了方向性的变化，就产生了对

029

思想源流

阴阳之说

■ 孔子问礼老子图

老子神像

立，诸如作用力与反作用力、阳与阴、善与恶、天堂和地狱、支持和反对等等。

"二生三"的意思是说：对立的两面都是极端的趋向，无法相互依存，二生三就产生了调和两者的中轴。比如，天地的中轴是人，五行的中轴是中土，天堂与地狱的中轴是人间，等等。

"三生万物"的意思是说：由"道"这种规则产生的方向、对立和中道，可以映射到万事万物上。诸如宇宙的产生、国家的政治，以至于人的身体的健康运行等各个方面。

"万物负阴而抱阳"，说的不仅仅是万物生长靠太阳的道理，而是负阴而抱阳、负阳而抱阴的意义。也就是说，阴阳是统一于事物内的两个方面，因其无休止变化的缘故，它们之间的和谐是有条件的、暂时的、过渡的，因而是相对的。不和谐是绝对的。但是不和谐的程度，可以表明事物恶化的程度。

老子的"万物负阴而抱阳"，指的是万事万物都包含着阴阳两个对立面，其实是他对周文王所著《易经》诸卦之卦画中都包含着的阴阳对立情形的概括总结。后世学者由此公认：老子是在我国思想史上首次将"阴阳"概念提升为哲学范畴来表达世界万物对立统一辩证关系的第一人。

"冲气"，就是对万物重要的调控作用。"和"，是阴阳消长平衡的结果。"冲气以为和"，就是客观规律作用于事物内部矛盾的两方面，通过其变化使之在新的层次上达到新的和谐。所以，无论是整个自然界或是细微的具体事物，都是运用着这条自然规律在这种动荡的调节中维系着自身的平衡。

老子对我国古代早期阴阳思想给予了比较全面的总结，通过对大量对立性概念的表述，揭示了事物矛盾的普遍性和客观性。同时，看到了任何矛盾的双方无不向相反方向转化，正如他所说的"祸，福之所倚；福，祸之所伏"。

正是基于这样的认识，老子认为只有回归"道"，在大自然的法则下不断和谐阴阳，才可以做到把握阴阳，实现精神、物质同步发展。

阅读链接

相传老子西游，过函谷关前，函谷关守将尹喜见有紫气从东而来，知道将有圣人过关。而老子果然乘青牛而来。尹喜自幼博览古籍，精通历法，善观天文，习占星之术，能知前古而见未来。尹喜迎接老子到关中小住，请求老子指点修行之道。

老子在函谷关住下后，见尹喜心慈人善，气质纯清，于是为尹喜著书，后世名为《道德经》。《道德经》写成后，老子对尹喜道："我授你此书，分上下两篇，上篇讲道，言宇宙根本；下篇讲道，言处世之方。只要你研习不止，苦修不懈，终有所成！"言罢，老子飘然而去。

阴阳学说的产生与发展

　　在我国思想史上，自从老子的《道德经》将"阴阳"概念上升到哲学范畴进行系统论述之后，阴阳理论就开始渗透到社会生活及传统文化的方方面面。

　　其实在老子之前，阴阳的观念就与观察天象有直接的关系。在古代农业社会，通过观测天象来确定历法，预测天象而指导农业劳作，是极为重要的事情。先民们于长期的劳作生活中，对阴阳已有了一定认识，积累了丰富的经验。

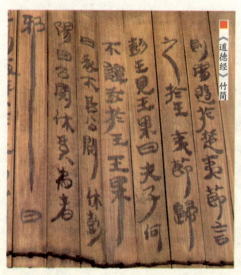

《道德经》竹简

　　阴阳最初的意义是指阳光的向背，对着太阳光的一面为阳，背着太阳光的一面为阴。据《诗经·大雅·公刘》记

■ 老子大型石雕

载，周代先祖不窋的孙子、周部族的杰出首领姬刘，曾经率其部族在山冈上观测日影，以确定向阳和背阴的方位，又观测水流的走向。

另据永盂铭文中记载，公元前930年前后，西周第六位君主周共王姬繄扈把"阴阳洛疆"的土地分给一个名叫永的人。当时也把阴阳作为南北方位概念来使用。

由此可见，先民对月份、昼夜、四季、闰年规律的观测，对于一年四季、寒暑往来的规律的认识，自然会产生"阴阳"的概念。这也就是后来阴阳学说的渊源。

阴阳的观念也与制订历法有直接的关系。夏商之际，夏王朝使用的夏历，也叫农历或阴历，就是一种阴阳合历。商王朝第十八位国王子和以阳甲命名，进一步反映了崇阳的倾向。

随着人们对自然万物认识的进一步深化，到了商

铭文 又称金文、钟鼎文，铜器研究中的术语。本指古人在青铜礼器上加铸铭文以记铸造该器的原由、所纪念或祭祀的人物等，后来就泛指在各类器物上特意留下的记录该器物制作的时间、地点、工匠姓名、作坊名称等的文字。青铜器铭文在商周时期已经是一种很成熟的书法艺术，为历代研究书法的人们所重视。

代后期，周文王以阴阳相配，推演出了六十四卦，不仅进一步揭示了阴阳的奥秘，而且还使阴阳有了新的含义。

至老子时期，"阴阳"被老子《道德经》引申为贯穿于一切事物的两个对立的方面和相互消长的物质势力，从而有了"刚柔"的哲学意义。

老子的《道德经》问世后，周幽王的近臣及诸权贵，都耳闻目睹了老子的《道德经》，且议论纷纷，相互告知。老子在哲学范畴对阴阳所作的阐释，对当时的社会生产实践具有了指导意义。

据《国语·周语上》记载，公元前780年，西周泾河、渭河、洛河三河流域发生地震，太史伯阳父分析其原因，说了下面这一段话：

周将要灭亡了！那天地的气，有自身的规律；若是违背它的规律，民众就乱了。阳气埋伏于地下不能出，阴气受压迫而不能上蒸，于是就有地震发生。现在三川发生地震，是阳气失去它镇住阴气的能力。阳气消失而阴气过盛，河流的源头必然堵塞；

洛河 古称雒水，是上古时期河洛地区的洛水，也是黄河右岸重要支流。因河南境内的伊河为重要支流，亦称伊洛河。洛河在中华文明的发展中占有重要地位，与黄河交汇为中心的地区被称为"河洛地区"，是华夏文明发祥地，河洛文化被称为中华民族的根文化。

■ 范蠡（前536年—前448年），字少伯，春秋末期楚邑（今河南省南阳市淅川县）人，越国著名谋臣，中国儒商之鼻祖。他出身贫贱，但博学多才，与楚宛令文种相识、相交甚深。因不满当时楚政治黑暗、非贵族不得入仕而一起投奔越国，辅佐越国勾践。传说他帮助勾践兴越国，灭吴国，一雪会稽之耻，功成名就之后激流勇退，被后人尊称为"商圣"。

源头堵塞，国家必然灭亡。水与土演化从而使民众能
利用，如果水与土不能演化，民众就会缺乏财用，不
灭亡还等待什么？

　　这段很有意义的话，是以阴阳说来解释地震产生
的原因，这是有哲学的实用价值的。

■ 阴阳鱼铜箸

　　至春秋时期，阴阳说中的阴阳转化观点也有具体
实例。据《国语·越语下》记载，春秋末期的著名政
治家和实业家范蠡曾经对越王勾践说过下面这段话：

　　国境之内，百姓的事，其治理不违背民众的劳
作，不逆天时行事，农作物都能丰收，民众人丁兴
旺，君臣上下相交各得其志，这方面我不如文种。四
境之外，与敌国交往，能当机立断，能顺应阴阳的变
化和懂得天地的常规。柔顺而不屈服，强大但又不过
分刚烈，德刑能掌握分寸，找出有规律性的常法以便
执行；死与生能顺应天地的德与刑，天依乎人，圣人
依乎天，如此人就会自然生育发展，天地使其成形，

勾践 （？—前465
年），姓姒，名勾
践，又名菼执、
鸠浅。春秋末年
越国国君，公元
前497年至公元前
465年在位。曾败
于吴王夫差，被
迫屈辱求和，给
吴王做奴仆。归
国后卧薪尝胆、
发愤图强，终成
霸主，并迫使夫
差羞愧自杀。

九流 在《汉书·艺文志》中分别指：儒家、道家、阴阳家、法家、名家、墨家、纵横家、杂家、农家。最初为阴阳、儒、墨、名、法、道6家，后来增纵横、杂、农、小说为10家，再后去掉小说家，将剩下的9家称为"九流"。此外，九流也是我国古时社会人群划分方法，有上九流、中九流和下九流，但说法不一。

圣人因势利导而成全它。往往战胜而不报喜，攻取城池而不再丢失，用兵能取胜于国外，国家的福气生于国内，所用的力气甚少而收获的名声非常显明，这方面文种亦比不上我。

越王勾践听了范蠡的论述，深以为然。由此可见，范蠡是很懂得阴阳变化规律的人，并且用它来治理国家。

春秋战国之际的《管子·乘马》中说：春夏秋冬四季是阴阳之推移变化而形成的，四季的长短是利用阴阳变化而来的，日夜的转化是阴阳的变化造成的。

这段话用"阴阳"来解释春夏秋冬四时的变化和节气的更迭以及日夜的往复，可见在当时的齐国，阴阳说已经十分流行。

战国时期，"阴阳"和"五行"渐渐合流，出现了阴阳家，并形成阴阳学派，这一学派的观念就是阴阳学说。后来汉代总结先秦学术的源流时，由于阴阳家思想以"阴阳五行"为基础，所以称为"阴阳家"，也称"阴阳五行学派"或"阴阳五行家"。《汉书·艺文志》将阴阳学派列为"九流"之一。

■ 阴阳变化图形

阴阳学派是战国时期的主要学派之一，提倡阴阳五行学说为宗旨。主要代表人物有战国末齐国的邹衍。

邹衍，又作驺衍，齐国

人。他在天文、地理、历史等方面有丰富的知识，时人称之为"谈天衍"。《史记》载他曾作《主运》《始终》《大圣》等篇十余万言。

阴阳学派提倡阴阳五行学说，其中的"五行"一词最早出现在《尚书·洪范》中：

五行：一曰水，二曰火，三曰木，四曰金，五曰土。水曰润下，火曰炎上，木曰曲直，金曰从革，土曰稼穑。润下作咸，炎上作苦，曲直作酸，从革作辛，稼穑作甘。

■ 古代术士瓷像

意思是说，所谓五行，第一叫水，第二叫火，第三叫木，第四叫金，第五叫土。水向下面润湿，火向上面燃烧，木可以弯曲、伸直，金属可以加工成不同形状，土可以种植庄稼。向下湿润的水产生咸味，向上燃烧的火产生苦味，可曲可直的木产生酸味，可改变形状的金属产生辣味，种植的五谷产生甜味。

《洪范》是《尚书》的篇名，是商周政权交替之际的商纣王的叔父箕子向周武王陈述的"天地之大法"。《洪范》中的这段话提出了为人们所用的以水为首的5种自然物质排列次序，以及这5种物质的性质和作用。但箕子当时还没有触及"五行"之间的内在联系。战国时期，五行说颇为流行，基本观点有相生

《尚书》 我国最早的儒家经典，又称《书》、《书经》，是我国第一部古典散文集和最早的历史文献，它以记言为主。《尚书》原有100篇，后来存世的仅有29篇。用现代的标准来看，尚书中绝大部分应属于当时官府处理国家大事的公务文书，它是一部体例比较完备的公文总集。

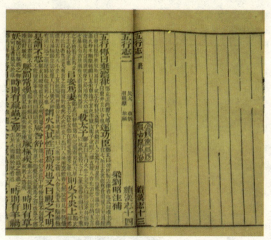

■ 古书上记载的五
行理论

平衡之美

阴阳调和的思想内涵

五德终始 是我
国战国时期的阴
阳家邹衍所主张
的历史观念。
"五德"是指五
行木、火、土、
金、水所代表的
五种德性。"终
始"指"五德"
的周而复始的循
环运转。邹衍以
这个学说来为历
史变迁、王朝兴
衰作解释。后
来，皇朝的最高
执政者常常自
称"奉天承运皇
帝"，当中所谓"承
运"就是五德终始
说的"德"运。

相胜之说，即"木生火、火生土、土生金、金生水、水生木"和"水克火、火克金、金克木、木克土、土克水"。

邹衍把以前的阴阳、五行学说进一步地系统化，把阴阳五行说运用于社会发展中，形成了"五德终始"的历史观，认为历史朝代的嬗变都是遵守五行相生相克之道的结果。

邹衍的"五行"意味着物质运动，也意味着万物之宗。这种思想，成为汉代思想家董仲舒的"天人感应"学说的重要思想来源。

西汉时期，史学家司马迁用邹衍的"五德终始"之说来具体解释历史朝代的更替，如夏、商、周三代之变，就是金之商克木之夏、火之周克金之商。司马迁为"五德终始"之说注入的新思想，不仅使汉代执政者找到了皇权合理性的根据，也对后世封建社会有很大影响。

阴阳学派的重要发展时期是在先秦和两汉初年，到了武帝罢黜百家之后，阴阳学派的部分思想内容融入了儒家思想体系，还有一部分思想内容为东汉时期道士张道陵所创的"五斗米道"早期道教所吸取。至此，作为独立学派的阴阳学派就不存在了，魏晋以后，此学派中的阴阳家也多衍变为方士。

阴阳学说包括四个方面的基本内容：对立制约、互根互用、消长平衡、阴阳转化。

"对立制约"，自然界的一切事物和现象都存在着相互对立的阴阳两个方面。由于阴阳双方时刻都在相互对立的状态中相互制约着，其结果使事物取得了动态平衡。

"阴阳互根"，是指一切事物或现象中相互对立着的阴阳两个方面，具有相互依存、互为根本的关系。阴或阳任何一方都不能脱离另一方而单独存在，每一方都以相对的另一方的存在作为自己存在的前提和条件。如果由于某种原因使阴阳双方这种互根互用的关系遭到破坏，就会导致"孤阴不生，独阳不长"。

"消长平衡"，是指相互对立又相互依存的阴阳双方，不是处于静止不变的状态，而始终处于"阴消阳长"或"阳消阴长"的运动变化之中。阴阳双方在这种消长变化的运动中，维持着阴阳之间的相对平衡。所以说，阴阳之间的平衡，不是静止的和绝对的平衡，而是始终贯穿着阴阳双方的消长变化，是动态的、相对的平衡。这种平衡关系称为消长平衡，也反映了辩证唯物主义关于物质的绝对运动和相对静止

方士 方术之士、有方之士、术士，后来则叫道士。方士出现不晚于周，至秦汉大盛，并逐渐形成了专门的方士集团，即所谓方仙道或神仙家。又以所主方术不同而有行气吐纳、服食仙药、祠灶炼金、召神劾鬼等不同派别。神仙思想及其方术，成为后世道教的核心内容与精神支柱。

■ 五斗米道张天师石雕

天人合一石刻

的观点。

"阴阳转化"，即阴阳对立的双方在一定的条件下，可以各自向其相反的方向转化，阴可以转化为阳，阳也可以转化为阴，从而使事物的性质发生根本性的改变。阴阳消长是事物发展变化的量变过程，阴阳转化是事物发展变化过程中的质变阶段。

阴阳学说对中医的影响是巨大的，在中医领域，它既是其理论基础的重要组成部分，又是临床实践中的指导思想。古代医学家借用阴阳五行学说来解释人体生理、病理的各种现象，并用以指导总结医学知识和临床经验，从而逐渐形成了以阴阳五行学说为基础的祖国医学理论体系。

阅读链接

邹衍是阴阳家的代表人物，因其学问高深而宏辩，人称"谈天衍"，又称"邹子"。邹衍曾游学齐国的稷下学宫，也曾到魏国，受到魏惠王郊迎；到赵国，平原君待之以宾主之礼；到燕国，燕昭王亲自为他在前面扫尘，听他讲学，为他筑碣石宫，执弟子礼。

邹衍的著作《邹子》和《邹子终始》，据说有十余万言，但早已失传，现只有吕不韦等人的《吕氏春秋》、司马迁的《史记》的一些段落可见其思想。《史记·太史公自序》中的"论六家要旨"把阴阳家列为六家之首，可见阴阳家的重要地位。

阴阳五行学说是我国古代朴素的唯物论和自发的辩证法思想，这种学说对古代的天文学、气象学、化学、算学、音乐和医学都有着深远的影响。中医的理论和实践体系中处处体现着阴阳学说的思想，阴阳五行学说是真正的中医学理论，它通过阴阳调和，达到身心健康。

我国古代医学家，在长期医疗实践基础上，将阴阳五行学说广泛运用于医学领域，用以说明人类生命起源、生理现象、病理变化，指导着临床的诊断和防治，成为中医理论的重要组成部分。对中医学理论体系的形成和发展，产生了极为深刻的影响，为中华民族的健康和人口繁衍做出了极大的贡献。

阴阳协调

黄帝与岐伯谈医理论阴阳

岐伯画像

那是在黄帝时期，有个叫岐伯的人，住在今陕西岐山一带四面围山之地，平时采集一些野果和籽实作物，还养了几只羊，日子过得很不错。

岐伯从小善于思考，有远大的志向，喜欢观察日月星辰、风土寒暑、山川草木等自然界的事物和现象。还懂音乐，会做乐器，测量日影，多才多艺，才智过人。后见许多百姓罹患疾病，便立志学医，四处寻访良师益友，学习医术脉理，为人们治病。

有一天，岐伯在家研究疑难杂

■ 黄帝升天图

症的治疗方法，突然患病，昏迷不醒。这可急坏了家里人，都守在岐伯身旁，盼望他能立刻苏醒过来。

在梦中，岐伯忽然见一个道童来到面前，把他带到了"三清"的玉清宫去。到了玉清宫，一位鹤发童颜的老者引他去三坟宫。

走进第一宫，只见金字牌匾上写着"伏羲八卦宫"，满宫都是伏羲八卦石书，介绍天地混沌时，由阴阳二气而生万物的过程。岐伯仔细观看石书，知道了天地万物生成的来龙去脉。

这时，老者说："这一宫已经建成，让它留给世人！请看第二宫。"

走进第二宫，只见金字牌匾上写着"神农本草宫"，满宫花卉草木应有尽有，奇石罕物遍布满山，飞禽走兽自由活动。再看又是满宫《神农本草经》石书，介绍了365种草药，其中植物药252种，动物药67种，矿物药46种，还介绍了各种药物的性能和使用目

三清 即玉清、上清、太清，是道教最高尊神，玉清之主为元始天尊，上清之主是灵宝天尊，太清之主乃道德天尊即道祖太上老君。这三清尊神乃是道教中最高神，开天辟地、历劫度人、传道授法的大神。三清为道家哲学"道生一，一生二，二生三，三生万物"这"三一"学说的象征。

的等。岐伯仔细观看石书，知道了草药种类，掌握了药物功用。

这时，老者又说："这一宫也已建成，让后世挖掘使用吧！请看第三宫。"

走进第三宫，只见悬挂着新而无颜的一块匾额，上面写着"黄帝内经宫"，满宫金碧辉煌，但空空荡荡，除金匾外了无一物。岐伯奇怪地问："这么好的宫怎么什么都没有？"

老者答道："这是'黄帝内经宫'，医学养生学著作还未出世，需要您帮助整理，早日问世，普救众生，消灾免祸，延年益寿。老朽我就心满意足了！"

岐伯忙问："老伯尊姓大名？"

老者答道："我是开天辟地的盘古真人，元始天尊是也，人称'太上盘古氏玉清元始天尊'。"

岐伯一听，知道他是公认的道教最高神祇，在"三清"之中位列最尊，于是，急忙跪地叩拜。待抬起头来，却不见了人影，不由得大喊一声："天尊！"满身大汗地从梦中惊醒。

守在岐伯身旁的家人见岐伯醒来，惊喜万分，忙问他方才在喊谁，岐伯就把梦中经历和家人讲述了一遍，才知道已睡了七天七夜。从此，岐伯刻苦钻研医术，注重修养医德，立志要实现元始天尊的愿望，完成《黄帝内经》，造福世人。

在当时，人文初祖黄帝为了人类的文明与发展，曾拜请了很多名师大臣，如风后、雷公等，其中就有岐伯。黄帝拜请岐伯，是仙人中南子推举的。

中南子云游古雍州时，发现岐伯生而神灵，不仅很懂医术，而且具有高尚的医德，就把自己所有的医药本领都传授给了岐伯。从此，岐伯白天识药尝药性，晚间学习天地阴阳、四时运气之理及养生疗疾之术。岐伯学医认真，精通医学道理，待中南子考问他时，他对答如流。后来黄帝在崆峒山求道于广成子时，中南子也在场，就向黄帝推举了岐伯。

雍州 我国古代九州之一，据史料记载，其名来自于陕西省凤翔县境内的雍山、雍水。雍州，一般是指现在陕西省中部北部、除去东南部的甘肃省、青海省的东南部和宁夏回族自治区一带地方。东汉时汉光武帝定都洛阳，设立过雍州刺史部，但是不久取消。

■ 古代药铺

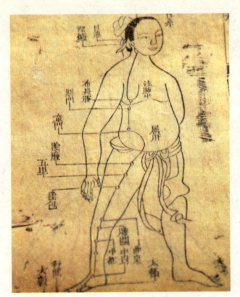

《黄帝内经》插图

黄帝根据中南子的举荐，就前来考察岐伯。他见岐伯长得清秀，满心欢喜，于是试着问道："我听说天以六个甲子日合成为一年，地以九九之法与天回通，而人也有三百六十五个穴位，与天地之数相合，这种说法已经听说很久了，但不知是什么道理。"

岐伯回答说："六六之节和九九相会，是确定天度和气数的。天度，用来确定日月行程、迟速的标准；气数，用来标明万物化生的循环周期。天是阳，地是阴，日是阳，月是阴。日月运行有一定的规律，万物循环也有一定的规律。一般一昼夜日行周天一度，而月行十三度有余，所以有大月小月，合三百六十五天为一年，而余气积累，就产生了闰月。"

黄帝听后非常高兴，接着又问了一些治国方略，岐伯一一作了回答。黄帝认为岐伯是懂得修身养性的先知先觉，就拜他为天师，让他跟随自己做一个谋臣良师。

自此岐伯做了天师，经常与黄帝谈论医学问题。有一次，黄帝问岐伯为什么有的人寿命很长，而有的人寿命很短，未老先衰。其实对这个问题，黄帝已经思考很久了，但一直没能有一个合理的解释。

岐伯认为，有的人之所以未老先衰，是因为他们

黄帝 又名轩辕帝，是中华民族的始祖，我国远古时期部落联盟首领。他播百谷草木，大力发展生产，始制衣冠，建造舟车，发明指南车，定算数，制音律，创医学等，在此期间有了文字。因为他以土德称王，土色为黄，所以称作黄帝。

把酒当作浆水一样纵饮无度，经常沉迷于荒淫的生活中，乘着酒兴纵意房事，因过度色欲而耗竭精气，造成真元败散。正是由于不懂得要保持旺盛的精气，经常过分使用精神，贪图一时的快意，背弃了养生的乐趣，生活全无规律，所以才到50岁就衰老了。因此，他主张平日里注重养生，全面掌握养生之道，才能避免身体受到伤害。

黄帝认为岐伯的解释很有道理。他们谈论医学涉及的内容非常广泛，诸如寿命问题、养生问题、生育问题等等。黄帝每次发问，岐伯都能够给出合理的解答，并阐释人体与自然万物之间的阴阳制化关系。

后来，春秋战国时期的人们将黄帝和岐伯等人谈论的医学问题用对话的形式写成《黄帝内经》，在理论上建立了中医学上的"阴阳五行学说"等，以阴阳来阐述病机病理。后世的人们将中医称为"岐黄之术"，且把岐伯置于黄帝之前，可见岐伯在中医药史上的重要地位。

《黄帝内经》是我国现存医书中最早的典籍之一，是我国劳动人民长期与疾病作斗争的经验总结。它较之其他古代医学著作的独到之处，就在于它以阴阳系统思维来构筑自己的医学理论体系，强化其人体系统的理论，形成了中医阴阳

阴阳五行学说

是我国古代朴素的唯物论和自发的辩证法思想。它认为物质世界是在阴阳二气作用的推动下发生、发展和变化的，并认为以木、火、土、金、水5种物质是构成世界不可缺少的元素。这五种物质不断运动变化。古代天文学、气象学、化学、算学、音乐和医学，都是在阴阳五行学说的协助下发展起来的。

养生理论

阴阳协调

■《黄帝内经》书影

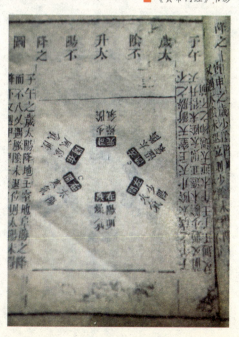

思维的理论。

　　《黄帝内经》肯定阴阳的普遍性，认为宇宙万物的变化都是阴阳两种对立势力相互作用的结果，整个世界都是由既相互联系又相互对立着的事物和现象构成的。同时，《黄帝内经》中的阴阳具有功能属性特点。

　　阴阳具有功能属性的思想，在《黄帝内经》中体现得特别明显。《素问·阴阳应象大论》

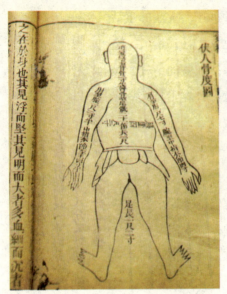

说："水火者，阴阳之征兆也。"就是说，水火虽然不是抽象的阴阳，却能以具体存在形式而表征阴阳。因为水性的沉静、下降、寒冷，火性的升腾、轻浮、炎热，能够集中体现阴质和阳质各自的特性。

　　《灵枢·阴阳系日月》则进一步说："且夫阴阳者，有名而无形。"这就是说，阴阳没有固定的形体，它是对物质性质的概括和抽象；它所关心的也只是事物之间的功能关系，而不是事物的形质和实体。这里，对阴阳的功能属性已表达得淋漓尽致了。

　　《黄帝内经》运用阴阳对中医学理论体系进行了系统阐发，涉及到人体的组织结构、生理功能、病理变化，以及以阴阳指导临床诊断与治疗等方方面面。

　　对于人体的组织结构，《黄帝内经》认为，人体生命存在现象是阴阳二气相感的产物，同时，人体结构与阴阳二气分别具有对应关系，并由此对人体的

048

平衡之美

阴阳调和的思想内涵

中医学理论体系　中医学理论体系初步形成于战国至两汉时期，《黄帝内经》、《伤寒杂病论》、《神农本草经》等医学专著的成书，标志着中医学理论体系的初步形成。汉代以后的医学理论与实践的发展，又逐渐充实和完善了这一理论体系。医学理论体系的建立，是医学发展成熟的最重要标志。

阴阳部位进行了具体划分。如背为阳，腹为阴；肝、心、脾、肺、肾五脏皆为阴，胆、胃、小肠、大肠、膀胱、三焦六腑皆为阳等等。这就明白地道出了人体内外之间、上下各部分之间，都是与阴阳相对应的宏观联系整体。

对于人体的生理功能，《黄帝内经》认为，"阴"是用来储藏精气的某种器官或物质；"阳"则表现为精气的某种功能或力量。同时，阴不能离阳，阳也不能离阴，二者是不可分割的一个整体。所以，阴阳之间相互依存，相互为用，通协合作，保持平衡，就能维持人体的正常生理活动。

阴阳双方的平衡，是动态的常阈平衡。所谓阴阳的动态常阈平衡，是指阴阳双方量的比例是不断变化的，但又稳定于正常限度之内的状态，是动态的均势，而非绝对的静止。维持这种平衡状态的机制，是建立在阴阳对立制约与互根互用基础上的阴阳双方在一定限度内的消长和转化运动。阴阳双方维持动态常阈平衡的关系，在自然界标志着气候的正常变化，四时寒暑的正常更替，在人体则标志着生命活动的稳定、有序、协调。

所以，《黄帝内经·素问·调经论》说："阴阳匀平，以充其形，九候若一，

养生理论

阴阳协调

■《黄帝内经》书影

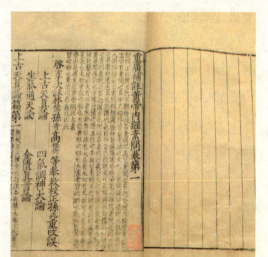

古代中药铺

命曰平人。"如果阴阳的对立制约和互根互用关系失调，阴阳双方的消长与转化运动失常而超过了正常的限度，阴阳的动态常阈平衡就会遭到破坏而出现偏盛偏衰或皆盛皆衰的情况。这种偏盛和偏衰，在自然界标志着气候变化的异常，在人体标志着生命活动的失常而进入疾病状态。而养生与治疗的一切方法和手段，都不外乎是为了维持或恢复机体阴阳的平衡。

实际上，宇宙中的一切事物和现象，都在不断变化发展着。其发展与变化的机理在于阴阳双方的升降交感、氤氲合和，而阴阳二气升降交感的内在机制是阴阳双方的互藏互寓、对立相摩。人体的生命过程中，气的升降运动，血液的循环，物质与能量的代谢，精与气的转化，都是时刻不停顿的。

整个宇宙处于不停的运动变化之中，人体的生命活动也处于运动变化之中。但这种不停的运动变化必须有一种自控机制，以使其自律而不至于过度运动或过于静止。宇宙中一切事物和现象的发生、发展与变化，只有处于相对稳定的状态才有可能。如果事物内部的阴阳双方永远处于消长转化运动中，永远没有均势、相持、稳定和平衡，那么，宇宙就会处于瞬息万变之中，生命就不可能产生和存在，更不可能有健康和长寿了。

对于人体的病理变化，《黄帝内经》则认为，阴阳相对协调是健康的表现，而疾病的发生则是"阴阳失调"的结果。之所以这样，是因为在具体的环境和具体的结构中，阴阳有其特定的功能范围，一旦有一方超越此范围或不及此范围，则必定导致另一方的不及或超越，从而产生阴阳失调。

既然一切疾病的发生及其病理过程都是由于"阴阳失调"所致，那么，不管临床上所呈现的病理现象怎样错综复杂，其疾病的性质和成因总不外乎阴阳两类。因此，诊断疾病的总纲就在于找准切入点，善于抓住阴阳这个关键。这是《黄帝内经》中治疗疾病的基本原则。

《黄帝内经》提供的阴阳思维方法在今天依然具有极高的价值，它在某种程度上与现代系统论认识方法具有趋同性。

阅读链接

据说岐伯尝味草木经历了千辛万苦，有时百味刺激得全身浮肿，有时被折磨得死去活来。有一次他到龙头山尝味采草，最后他在品尝马钱子时，由于不知此药有剧毒，服药过量引起了中毒。他口干舌燥，难过地用双手乱刨，恰好刨在甘草根上，他无意中口咬草根止渴，嚼着嚼着，由于药物中和，他昏迷了。

岐伯昏迷中梦见神仙，神仙告诉他说："马钱子加上甘草才能入药，今后没有本大王我入的药方少用。"这时岐伯嘴里还嚼着甘草，感觉好得多了，缓到下午才回家。他任天师后，遂拜甘草为王，从此，甘草就成了药中之王。

扁鹊脉学中的阴阳之理

扁鹊，本名秦越人，河北省任丘市人，约生活在春秋战国时期。"扁鹊"一词原本为古代传说中能为人解除病痛的一种鸟，秦越人医术高超，百姓敬他为神医，尊称其为"扁鹊"。

扁鹊画像

扁鹊少年时期在故里做过舍长，即旅店的主人。当时在他的旅舍里有一位长住的旅客长桑君，他俩过往甚密，感情融洽。

长期交往以后，长桑君终于对扁鹊说："我掌握着一些秘方验方，现在我已年老，想把这些医术及秘方传授予你，你要保守秘密，不可外传。"扁鹊当即拜长桑君为师，并继承其医术，终于成为一代名医，先秦时期医家的杰出代表。

扁鹊医治病人塑像

　　扁鹊成名后，周游各个诸侯国，为君侯看病，也为百姓除疾，名扬天下。他的技术十分全面，无所不通。

　　中医把人体看成一个小宇宙，它是以人体的内脏器官、筋脉、气血津液、病因等理论为依据，以阴阳五行相互影响、相互制约为基础，通过望、闻、问、切四诊法，查看病症，然后综合、归纳、分析、推理、判断、辨明各种病症、病变之间的联系，从而认识疾病，做出正确的诊断。

　　十二经脉，首尾相连，阴阳交接，由胸走手，由手走头，再由头走足，由足走胸，阴阳相贯，如环无端。昼行于阳25度，夜行于阴25度，"五十而复大会"这完全是一个理想的理论模型，而不是实际测量的结果。

　　扁鹊脉学不仅包含了上述这些内容，而且细致地推算了呼吸与脉搏的关系，以及每一次脉搏可以促使气血在经脉里行走的距离，这就是《脉经》所收载的"扁鹊论损至脉"。

　　在扁鹊看来，人体的经脉不仅是阴阳顺接循环的，而且是"人一

扁鹊医治病人浮雕

《史记》是我国第一部纪传体通史。全书一百三十篇，包括十二本纪、八书、十表、三十世家、七十列传五个部分，共五十二万字。记载了从黄帝到汉武帝时长达三千年的政治、经济和文化的历史，比较全面而深刻地反映了我国古代的社会面貌，对后世史学研究有深远影响。

呼而脉再动，气行三寸；一吸而脉再动，气行三寸。呼吸定息，脉五动，一呼一吸为一息，气行六寸"。这种标准化的呼吸与脉搏联动机制，就决定了人体气血围绕血脉运行的标准参数，达到这个标准的就属于无病；达不到这个标准的人，属于循环不足的"损脉"；超越了这个标准的人，属于循环太快的"至脉"。

扁鹊开创的脉学，在他的切脉诊疗实践中有着充分体现。西汉时期的史学家司马迁写《史记》时，在《扁鹊列传》中高度称赞扁鹊是最早应用脉诊于临床的医生。

《史记·扁鹊传》说：扁鹊"视病，尽见五脏症结，特以诊脉为名耳"。又说："至今天下言脉者，由扁鹊也。"说明扁鹊精于脉诊，可以用诊脉决生死之分。

扁鹊脉诊及其理论可从虢太子这一病例的诊断中体现出来。有一次，扁鹊路过虢国，见到那里的百姓都在进行祈福消灾的仪式，就问是谁病了，宫中术士说，虢太子死了已有半日了。

当时虢太子已昏迷不醒，扁鹊通过脉诊判断为"尸厥"，是指突然昏倒不省人事，状如昏死，患者呼吸微弱，脉象极细，或毫不应指，故乍看似死，须认真诊察和及时抢救。

扁鹊认为，虢太子的阴阳脉失调，阳脉下陷，阴脉上冲，也就是阴阳脉不调和，导致全身脉象出现紊乱，所以虢太子表现如死状。

扁鹊通过脉诊发现，虢太子并未真正死亡，他还观察到虢太子鼻翼微动，又发现虢太子两大腿的体表仍然温暖。根据这些体征及所得出的诊断结论，扁鹊开始实施治疗。

扁鹊让弟子磨研针石，刺百会穴，又做了药力能入体五分的熨药。用八减方的药混合使用之后，虢太子竟然坐了起来，和常人无异。扁鹊继续对虢太子调补阴阳，两天以后，虢太子完全恢复了健康。

扁鹊认为，阴阳不协调是导致虢太子患病的主要原因，这个结论，表明他是我国医学史上倡用阴阳理论、阐述发病原理的先驱。

■ 扁鹊雕像

平衡之美

阴阳调和的思想内涵

从此，天下人传言扁鹊能"起死回生"，扁鹊认为，虢太子的病是"阳入阴中"，看似死而实未死，原本就会复活。

相传扁鹊去世后，虢太子感其再造之恩，收其骨骸而葬之，墓位于今永济市清华镇东。

在治疗方面，扁鹊能熟练运用综合治疗的方法。他的望色、听声、写影和切脉，就是后来传统中医总结的望诊、闻诊、问诊和切诊这四诊法。这4种诊疾方法，是阴阳五行等基础理论的具体运用。

扁鹊言病，善谈阴阳。他的望色方法，也是结合阴阳制化之理，判断患者病征及其病程演变。

扁鹊第一次见齐桓侯时，通过望诊判断出齐桓侯有病，但是病情尚浅，病位还只是在体表"腠理"的部位。他劝齐桓侯接受治疗，如不治则病情将会加

■ 扁鹊行医图

深。齐桓侯因自我感觉良好，拒绝治疗。

不久，扁鹊再度见齐桓侯时，指出其病情已加重，病位已进展到血脉，再次劝说其接受治疗，以免病情更加发展。齐桓侯仍然拒绝治疗，心中不悦，认为扁鹊在炫耀自己，并以此牟利。

当扁鹊第三次见齐桓侯时，认为他病情已恶化，病位进入到内部肠胃，如不及时治疗，终将难治。齐桓侯仍不予理睬。

最后一次，扁鹊通过望诊，判断齐桓侯病情危重，已进入到骨髓深处，病入膏肓，无法救治。果然不出所料，齐桓侯不久即发病，终于不治而死。

扁鹊贡像

扁鹊十分重视疾病的预防。他之所以多次劝说齐桓侯及早治疗，就寓有防病于未然的思想。他认为对疾病只要预先采取措施，把疾病消灭在初起阶段，是完全可以治好的。扁鹊以望诊来诊断齐桓侯病程，说明扁鹊当时已经很注重疾病的预防。

扁鹊见魏文王，也体现出他十分重视疾病预防的思想。根据典记，魏文王曾求教于名医扁鹊："听说你们家兄弟三人，都精于医术，谁是医术最好的呢？"

扁鹊说："大哥最好，二哥差些，我是三人中最差的一个。"

魏文王不解地说："请你介绍得详细些。"

扁鹊解释说："大哥治病，是在病情发作之前，那时候病人自己

■ 河北省邢台市扁鹊庙

膏肓 医学中人体部位的名称，膏指心下部分，肓指心脏和横膈膜之间。旧说膏与肓是药力达不到的地方。后来用"病入膏肓"指病情非常严重，已没有办法医治。后人也用以指事态非常严重，已无再造之功。

还不觉得有病，但大哥就下药铲除了病根，使他的医术难以被人认可，所以没有名气，只是在我们家中被推崇备至。我的二哥治病，是在病初起之时，症状尚不十分明显，病人也没有觉得痛苦，二哥就能药到病除，使乡里人都认为二哥只是治小病很灵。我治病，都是在病情十分严重之时，病人痛苦万分，病人家属心急如焚。此时，他们看到我在经脉上穿刺，用针放血，或在患处敷以毒药以毒攻毒，或动大手术直指病灶，使重病人病情得到缓解或很快治愈，所以我名闻天下。"魏王大悟。

事后控制不如事中控制，事中控制不如事前控制，可惜当时的大多数医者均未能体会到这一点，等到错误的诊断造成了重大的损失才寻求弥补。弥补得好，当然是声名鹊起，但更多的时候是亡羊补牢，为时已晚。

扁鹊诊號太子疾和诊断齐桓侯病入膏肓，反映出他熟练全面地运用中医的望、闻、问、切"四诊"方法的高超技能。

扁鹊是一位能兼治各科疾病的多面手，而且医德高尚，名声传遍天下。在邯郸时，他听说赵国人尊重妇女，就做起了妇科医生；到了洛阳，听说周王朝的人敬爱老人，就做起了老年病医生；到了咸阳，听说秦国人爱护小儿，就做起了小儿科医生，总之是随着风俗的不同而变换行医的重点。

扁鹊无私地把自己的医术传授给门徒，他的徒弟子阳、子豹、子越等人都是有所成就的人。扁鹊的医疗经验极其丰富，曾编撰过颇有价值的《扁鹊内经》9卷和《扁鹊外经》12卷，可惜均已失传，这是祖国医学的极大损失。

扁鹊奠定了中医学的切脉诊断方法，开启了中医学的先河。至今天下研习脉学的人，都遵从的是扁鹊的学说。同时，扁鹊走到哪里，就将安康和快乐带到哪里，其高尚的医德也影响了后世无数人。

阅读链接

秦武王与武士们进行举鼎比赛，伤了腰部，疼痛难忍，吃了太医李醯的药，也不见好转，并且更加严重。扁鹊给秦武王治病，太医令李醯和一班文武大臣赶忙出来劝阻，百般刁难，但扁鹊最终治好了秦武王，让其病状完全消失。秦武王让扁鹊做了太医令。从此以后，李醯治不好的病，到了扁鹊手里，却化险为夷。李醯担心扁鹊日后超过他，妒火中烧，决定除掉扁鹊这个心腹大患，他派了两个刺客，刺杀了扁鹊。

相传扁鹊的生日是4月28日，人们在他的家乡建造起"药王庙"，专门供祀他。每年4月28日这天，大家都举行盛大的纪念仪式。同时，也祈求他保佑人们无病无痛、延年益寿。

张仲景的六经辨证与养生

　　张仲景是东汉南阳郡涅阳县人，即现在的河南邓州市穰东镇。他生在一个没落的官僚家庭，其父张宗汉曾在朝为官。由于家庭条件的特殊，使他从小就接触了许多典籍。他从史书上看到了扁鹊故事后，对扁鹊产生了敬佩之情，从此对医学发生了浓厚的兴趣。

名医张仲景画像

　　张仲景的宗族中有一个名叫张伯祖的人，他是个极有声望的医生。为了学习医学，张仲景就去拜他做老师。张伯祖见他聪明好学，又有刻苦钻研的精神，决定把自己的医学知识和医术，毫无保留地传授给他。

　　张仲景跟张伯祖学医非常用心，无论是外出诊病、抄方抓药，

■ 医圣张仲景

还是上山采药、回家炮制，从不怕苦不怕累。他博览医书，广泛吸收各医家的经验用于临床诊断，进步很大，很快便成了一个有名气的医生，以至于"青出于蓝而胜于蓝"，超过了他的老师。

张仲景勤求古训，博采众方，集前人之大成，揽历代之精华，写出了不朽的医学名著《伤寒杂病论》。这部医书熔理、法、方、药于一炉，开"辨证论治"之先河，形成了独特的中华医学思想体系。张仲景也因对医学的杰出贡献被后人称为"医圣"。

《伤寒杂病论》中的辨证论治，鲜明体现了张仲景的"六经辨证"思想。

"六经"的概念是《黄帝内经》提出的。《黄帝内经·素问·阴阳应象大论》中说："六经为川，肠胃为海。"这句话是借用自然界的事物川和海取象类比，论证人体脏腑组织的功能。《黄帝内经·灵枢·百病始生》中说："六经不通，四肢节痛，腰脊

炮制 又称炮炙、修事、修治等。中药材在应用或制成剂型前，进行必要加工处理的过程。药材炮制是指将药材通过净制、切制、炮炙处理，制成一定规格的饮片，以适应医疗要求及调配、制剂的需要，保证用药安全和有效。中药炮制方法通常分为修制、水制、火制、水火共制、其他制法五大类。

■ 张仲景泥塑

邪气 气是人体多种活性物质的统称，中医把气分为两大类，一是正气，二是邪气。正气指人体正常的活性物质，邪气指一切致病因子。中医指伤人致病的因素，诸如风、寒、暑、湿、燥、热、食积、痰饮等。亦作"邪炁"。

乃强。"可见六经在人体病变中所起的作用。

六经包括太阳经、阳明经、少阳经、太阴经、少阴经和厥阴经，是用阴阳的多少来判别的。古人用阴阳表示复杂的事物，然后把相同的性质归类，就延伸出阴阳八卦。八卦包含宇宙间的一切事物，其大无外，其小无内，庞大与渺小尽在其中。

张仲景的"六经辨证"思想的形成，始于他阅读古医书。当时他仔细研读了《黄帝内经》《阴阳大论》《胎胪药录》等古代医书。其中《黄帝内经》中的《素问》对他的"六经辨证"影响最大。

《素问》中说："夫热病者，皆伤寒之类也。"意为今外感热病，都是由于感受寒邪之类的邪气所致。张仲景根据自己的实践对这个理论作了发展。他认为，伤寒是一切热病的总名称，也就是一切因为外感而引起的疾病，都可以叫做"伤寒"。

张仲景在《黄帝内经》的基础上，以六经为纲，将外感病演变过程中所表现的各种征候，总结归纳为三阳病，即太阳病、阳明病、少阳病；三阴病，即太阴病、少阴病、厥阴病6类，分别从邪正盛衰、病变部位、病势进退及其相互转变等方面阐述外感病各阶段的病变特点。凡是抗病能力强、病势亢盛的，为三阳病征；抗病力衰减，病势虚弱的，为三阴病征。

《伤寒杂病论》说：

太阳之为病，脉浮，头项强痛而恶寒。

太阳病，发热汗出，恶风，脉缓者，名为中风。

太阳病，或已发热，或未发热，必恶寒，体痛呕逆，脉阴阳俱紧者，名为伤寒。

这三段话的总体意思是说：凡出现发热，恶寒，头痛，项强，脉浮等脉证，就叫太阳病。

太阳病分为经证和腑证二类。经证为邪在肌表的病变；腑证是太阳经邪不解而内传于膀胱所引起的病变。六经病证是经络、脏腑病理变化的反映。其中三阳病证以六腑的病变为基础；三阴病证以五脏的病变为基础。所以说六经病证基本上概括了脏腑和十二经的病变。运用"六经辨证"，不仅仅局限于外感病的诊治，对内伤杂病的论治，也同样具有指导意义。

张仲景的"六经辨证"不越"阴阳"二字，就在阴阳上下功夫。辨清阴阳，治疗就会易如反掌，后世的大多数疑难病，只要参合"六经辨证"，常常会迎刃而解。

张仲景不但是一位伟大的临床医

■ 张仲景头像

医疗体育 又称康复体育,运动医学一部分,是指病患者为了配合治愈某些疾病而进行的身体锻炼,是运用各种体育运动方法治疗创伤和疾病的学科。医疗体育的内容,即根据疾病性质相应采取的手段。一般采用动作轻缓、运动负荷较小的散步、慢跑、太极拳、气功、按摩、保健操等。

学家,而且也是一位深得《黄帝内经》阴阳平衡之旨的养生学家,他在《黄帝内经》保养元气、预防疾病的理论指导下,利用药疗、食疗、体疗、针疗等方法来扶正祛邪,促进康复,对中医养生学的发展起着重要的指导作用。

张仲景非常重视《黄帝内经》中提出的"治未病"。他曾说"见肝之病,知肝传脾,当先实脾",阐述了预防疾病的方法,即在治疗肝病时,注意调补未病之脾,目的在使脾脏正气充实,防止肝病蔓延,如果脾脏本气旺盛,则可不必实脾。反之,只知见肝治肝,导致肝病未愈,脾病又起,这是缺乏整体观的治疗方法。

张仲景把"导引吐纳"放在养生的首位。导引是以肢体运动、自摩自捏、伸缩手足为特点的一种医疗体育方法。

吐纳,《庄子·刻意篇》说是"吐故纳新",实

■ 南阳医圣张仲景祠

际是调整呼吸的一种养生祛病方法，类似现行的气功。"导引吐纳"就是防病抗老的运动，它简便易行，而且能收到意想不到的效果，所以人们乐于接受。现代医学也证实这些运动的正确性和可行性。

张仲景还善于用针灸来防止疾病的转变。例如：用针阳明经的方法，可以防止太阳经之邪传其他经；针刺风池穴与风府穴，可开太阳经气之闭塞，泄太阳经中的风邪，削弱在经邪气的势力。现在人们常用针刺风池、风府来预防和治疗感冒，就与张仲景的经验有关。

张仲景非常重视食物的疗养作用。他的养生方剂中杂有不少食品药物，如生姜、大枣、小麦、大麦、粳米、薏苡仁、赤小豆、鸡子黄、山药、百合、蜂蜜、饴糖、羊肉、酒等。这些食物对五脏具有不同程度的补养作用，特别是对脾胃的调养功能显著。但饮食须有节制，应当注意卫生，以及相宜、禁忌等。

张仲景的"六经辨证"是中医临床辨证之首创，为后世种种辨证方法的形成奠定了基础。而他的养生思想，注重强调体内外环境的阴阳平衡，体现了《黄帝内经》的养生思想。

阅读链接

张仲景在任长沙太守期间，正值疫疠流行，许多贫苦百姓慕名前来求医。他一反封建官吏的官老爷作风，对前来求医者总是热情接待，细心诊治，从不拒绝。开始他是在处理完公务之后，在后堂或自己家中给人治病；后来由于前来治病者越来越多，使他应接不暇，于是他干脆把诊所搬到了长沙大堂，公开坐堂应诊，首创了名医坐大堂的先例，他的这一举动，被传为千古佳话。

后来，人民为了怀念张仲景，便把坐在药店内治病的医生通称为"坐堂医"。这些医生也把自己开设的药店取名为"××堂药店"，这就是中医药店称"堂"的来历。

华佗五禽戏的阴阳思想

■华佗画像

华佗是东汉末期沛国人，著名医学家，精通内科、外科、儿科、妇科、针灸科各科，尤为擅长外科。

在当时，战火连年，瘟疫流行，人民生活于水深火热之中，华佗见状，选择以医济世的道路。他刻苦钻研，学识渊博，他发明"麻沸散"作外科手术麻醉，流芳后世，他施针用药，简而易行，有"神医"之称。

华佗不但医术高明，还十分重视体育运动与劳动锻炼，精于养生之道。他认为，人之本，本于阴阳。人的生长、发育、衰老变化都是由

■ 华佗用麻沸散
治疗病人

体内阴阳平衡变化所决定的。阴阳互根，互不脱离。阴平阳秘，精神乃治；阴阳离决，精神乃绝。一个人只有保持阴阳平衡，才能身心健康，度其天年。如果阳气不固，或阴气虚弱，失去平衡就会生病，开始衰老。

华佗认为，人的言谈举止对阴阳变化影响很大，顺阴者多短寿，顺阳者多长生。他说："一个人如果举止不端庄，放荡失宜，就会外招邪气之袭，内失阴阳之和，就等于自找苦难，自寻死路。"

为了提高民众的体质，华佗根据上古的导引术、吐纳术和《黄帝内经》中阴阳五行学说，创作了"五禽戏"。"五禽戏"又称"五禽操""五禽气功""百步汗戏"等。

关于"五禽戏"有这样一个故事：据说，华佗年轻时去山中采药，爬到半山腰时发现了一个洞穴，

麻沸散 是东汉时期著名医生华佗创制的用于外科手术的麻醉药。是世界最早的麻醉剂，比西方早1600多年。麻沸散的处方后来失传。后世曾认为《华佗神方》里面就有人们所渴望而急欲一观为快的"麻沸散"配方：羊踯躅9克、茉莉花根3克、当归30克、菖蒲0.9克，水煎服一碗。但据考证，这未必就是华佗的原始处方。

■ 五禽戏

动功 是将意念活动，各种调整呼吸的方法与诸如包括自我按摩、拍击等类肢体运动结合起来的一类功夫。特点是外动内静，动中求静，以调身导引为主。动功的种类很多，大致可分为两大类：即自我按摩拍打类和自我运动类。套式动功一般是一个较为完整的功法中的动功部分，锻炼时要从头至尾做完一个套路。

他很好奇，正想进去，忽然听到里面有人在谈论医道，他就站在洞外听。他听得入了神，听着听着，忽听见那两个人谈起了华佗，这可把他吓坏了，他正要转身跑去，忽然听见一个人叫道："你既已来了，何不入内一叙！"华佗只好硬着头皮走进去，原来是两位白发长须的仙人。他们向华佗传授了许多奇妙的医术，还传给他一套健身功法，这就是著名的"五禽戏"。

"五禽戏"是模仿虎之猛、鹿之敏、熊之稳、猿之智、鹤之和这5种动物各自的动作和特性，结合人体脏腑、经络、气血的运行规律，创编的一套适合各种人练习且促进人们健康长寿的健身术。

"五禽戏"始终贯彻《黄帝内经》中"天地本乎阴阳，阴阳主乎动静，人身一阴阳也。动静合宜，气血和畅，百病不生，乃得尽其天年"这一基本观点，主张外动内静、动中求静，有刚有柔、刚柔并济。

"五禽戏"是一种别具特色的动静功夫。静功可说是锻炼静中动的功夫；动功则是在意念集中、思想宁静的情况下进行锻炼，亦称为动中静功夫。但就两者锻炼的实质来说，均是为了有效调整人体的生理功能，使它能够更好地动起来，从而达到"平衡阴阳、调和气血、疏通经络、培育真气"的效果。

演练"五禽戏"时肢体的动不是机械、盲目地动，一招一式必须合乎这5种动物运动规律之辙，且在专心致志模仿5种动物神韵的意识主导下，配合呼吸去完成动作。这种动是在意识相对集中、安静，呼吸均匀、深长，机体放松的情况下进行的缓慢、柔和、轻盈的动。

虎、鹿、熊、猿、鹤这5种动物的生活习性不同、活动方式各有特点，或雄劲豪迈，或轻捷灵敏，或沉稳厚重，或变幻无端，或独立高飞。模仿它们的各种姿态，可以使全身各个关节、肌肉都得到锻炼。

虎戏，模仿神态表现是像虎那样目光炯炯，摇头摆尾，扑按，转斗，表现出威猛神态，要刚劲有力，刚中有柔，刚柔并济。基本动作包括虎步势、出洞势、发威势、扑按势、搏斗势。其功能与作用是填

五禽戏

华佗五禽戏雕塑

外邪 在中医中，特指风、寒、暑、湿、燥、火和疫疠之气等从外侵入人体的致病因素。在正常情况下，季节更替和风霜雨露等因素是不会对人体造成疾病的，但如果遇到气候反常，人体自身的动态平衡造成破坏，而引起疾病的气候、气象因素及微生物，中医统称为"外邪"。

精益髓，强腰健肾。

鹿戏，模仿神态表现是如鹿样心静体松，姿态舒展，表现其探身，仰脖，奔跑，回首之神态。基本动作包括鹿步势、挺身势、探身势、蹬跳势、回首势。其功能与作用是舒展筋骨。

熊戏，模仿神态表现是像熊样浑厚沉稳，表现出撼运，抗靠步行时之神态，笨重中寓轻灵。基本动作包括熊步势、撼运势、抗靠势、推挤势。其功能与作用是加强脾胃，增强体力。

猿戏，模仿神态表现是仿其敏捷好动，表现出纵山跳涧，攀树蹬枝，摘桃献果之神态。基本动作包括猿步势、窥望势、摘桃势、献果势、逃藏势。其功能与作用是使肢体灵活。

鹤戏，模仿神态表现是像鹤那样昂然挺拔，悠然自得，表现出亮翅，轻翔，落雁，独立之神态。基本动作包括鹤步势、亮翅势、独立势、落雁势、飞翔势。其功能是增强肺呼吸，调运气血，疏通经络。

华佗认为，人们需要经常参加体育运动，但应避免过于劳累。经常活动，便可加快食物消化，使血流循环畅通无阻，从而生不了病。这就像门枢轴，时常使用转动，就不会僵涩失灵。因此，在整套"五禽戏"中，华佗全部采用模仿动物的某些动作，用以运动人们在日常生活和劳动中活动不到的部位，达到疏通经络，调和气血，增强体质，抗御外邪之目的。

　　演练"五禽戏"时内心活动的静，也非是形体运动中死气沉沉的止水，心神虽主静，但非绝对的静，要做到动而不妄动，专一而不杂，用之而不过。因此，习练"五禽戏"时静中也蕴含着动，从而引导着形体动作合乎规律的外在变化，达到动中含静、静以御动、动静相宜、动静相错、动静合一的境界。

　　由于华佗一直坚持练习"五禽戏"，脸似古铜，黑发满头，牙齿坚固，步履稳健，身体十分健康。在他近百岁时，仍然面若童颜，精神矍铄，动作灵巧，步履矫健。他的弟子吴普、樊阿等人依法锻炼，

■ 五禽戏

也活到了90多岁，仍耳聪目明。因此，华佗的长寿，完全得力于"五禽戏"的锻炼。

"神医"华佗深妙的体育理论和实践，实为中华民族古代养生健身学说的一朵奇葩，至今仍放射着它的奇光异彩。

阅读链接

《后汉书·华佗传》记载了华佗进行剖腹手术的案例，这是我国古代见于记录的最早的外科手术：有一次，华佗给一个需要手术治疗的病人实施剖腹手术。他先让病人服用"麻沸散"，待病人像喝醉了酒一样失去知觉时，他剖开病人腹部，取出结积物，然后缝合好，敷上药膏，四五天就会愈合，一个月就能长好，因为不疼，病人也没有什么感觉，一个月之内，病人就恢复了健康。

"麻沸散"是华佗创制的麻醉药。腹腔外科手术有多项关隘，第一关就是麻醉关。华佗使用"麻沸散"为病人开刀早于西方1600多年，这是让无数炎黄子孙引以为自豪的历史。这是华佗被视为"神医"的原因之一。

平衡之美

阴阳调和的思想内涵

（下）肖东发 主编　刘干才 编著

北方妇女儿童出版社

孙思邈的阴阳论与良医论

孙思邈是唐代京兆华原人，即现在的陕西耀县。他自幼聪明过人，日诵千言，被时人赞为"圣童"。

当时的社会风气是朝野士庶耻于医术，孙思邈生活在这样的舆论环境中，却毅然决然地放弃了千军万马争过独木桥的求仕之路，选择了悬壶济世救民于苦痛的行医生涯。

孙思邈18岁立志学医，到了20岁，即为乡邻治病，并能侃侃而谈老子、庄子的学说，精通道教典籍。

孙思邈不但重视书本知识，还善于学人所长，而且极为注重实践。他走遍家乡关中的山山水水，采集药材，并沿途为百姓施诊治病。

隋末唐初改朝换代之际，为躲避战乱和朝廷征辟，孙思邈隐居太白山，后又隐居终南山。后来，唐高宗于659年召见孙思邈。当时唐政府正在编撰《新修本草》，即后来的《唐本草》，就让孙思邈

关中 指渭河平原，又称关中平原或渭河盆地。位于陕西中部，介于秦岭和渭北北山之间。西起宝鸡，东至潼关，东西长约300千米。因在函谷关和大散关之间，古称"关中"。春秋战国时为秦国故地，包括西安、宝鸡、咸阳、渭南、铜川五市及杨凌区。号称"八百里秦川"。

阿是穴 穴位分类名，又名不定穴、天应穴、压痛点。这类穴位一般都随病而定，多位于病变附近，也可在与其距离较远的部位，没有固定位置和名称。它的取穴方法就是以痛为腧，即人们常说的"有痛便是穴"。临床上医生根据按压时病人有酸、麻、胀、痛、重等感觉和皮肤变化而予以临时认定。

留在长安参与编写，这是孙思邈乐此不疲的工作，他就留下来。不久一部图文并茂的《唐本草》撰写完成，共55卷，收录了844种药物，这是世界上首部国家药典。

后来，孙思邈以年老多病为由请求回乡，而后一直生活在故乡华原的磬玉山。

孙思邈在数十年的临床实践中，深感古代医方的散乱浩繁和难以检索，因而博取群经，勤求古训，并决定结合自己的临床经验，编著《备急千金要方》。

此书后来简称《千金要方》或《千金方》。

有一天，孙思邈正聚精会神地著书立说，忽然有人跑来说南山有一个年轻人疼痛不止，呼吸微弱，因家境贫寒才拖延至今。

孙思邈一听，立即收笔，带上药囊装好金针，快速赶到病人家中。

孙思邈想用针灸止痛，但古书记载的止痛穴位都扎过了，却还是无济于事。他十分耐心地继续寻

■ 孙思邈采药石雕

找最痛点，突然，病人叫了起来："啊！是……是这儿！"孙思邈立即将金针扎了进去，疼痛很快就停止了。从此，人身上又多了一个痛点穴位"阿是穴"。

670年，已经90高龄的孙思邈在京城长安城西部的住所接待了一位30多岁的中年人，此人即是初唐文坛"四杰"之一的卢照邻。卢照邻当时为四川新都县尉，这一年他因事进京，因此二人得有机遇相会。

卢照邻对孙思邈这位"苍生大医"的医术和博学十分钦佩，因此"执弟子之礼以事焉"。

有一次，卢照邻问老师孙思邈这样一个问题："名医能治愈疑难的疾病，是什么原因呢？"

孙思邈谙阴阳之道，他的回答十分精彩，也足见其医学上的造诣颇深。他说："对天道变化了如指掌的人，必然可以参政于人事；对人体疾病了解透彻的人也必须根源于天道变化的规律。天道之气和顺而为雨，愤怒起来便化为风，凝结而成霜雾，张扬发散就是彩虹。这是天道规律，人也如此。人身上的气流注周身而成营气、卫气，彰显于志则显现于气色精神，发于外则为音声，这就是人身的自然规律。"

接着，孙思邈从天地间阴阳转化角度进一步阐述道："人身的阴阳与天地的阴阳并没什么差别，阴阳之道，天人相应。人身的阴阳失去常度时，人体气血上冲则发热；气血不通则生寒；气血蓄结生成瘤及赘物；气血下陷成痈疽；气血狂越奔腾就是气喘乏力；气血枯竭就会精神衰竭。各种征候都显现在外，气血的变化也表现在形貌上。总之，天地之间，阴阳变

营气 与卫气相对而言，营气属阴。即营养物质，是指人体必需的各种物质，包括蛋白质、氨基酸、糖类、脂类、维生素、微量元素。营养物质是由水谷精气中的精华部分所化生。营气分布于血脉之中，随血液循环营运于全身。营气运行是指营养物质的相互转化代谢的过程。

养生理论

阴阳协调

孙思邈神像

化，莫不如此。"卢照邻听了老师的宏论，佩服得五体投地。

孙思邈将其医著命名为《备急千金要方》，"千金"两字，内涵意味深长。比如在此书中，孙思邈强调男女阴阳感应而两相亲和，认为双方阴阳互补、实现平衡，既是养生的需要，也是创造幸福生活的需要。

孙思邈不仅谙熟阴阳之理，医术精湛，而且医德高尚，是我国第一位比较系统、完整地论述祖国医学和进行医德教育的医学家。他的"大医精诚"思想，体现了他在传统文化指导下对生命的尊重。

孙思邈强调以人为本，他在《备急千金要方》中这样写道：

人命至重，贵于千金，一方济之，德逾于此。

意思是说，人命是很重要的，比千金还要贵重，大家这么做，功德超过千金。

正是因为孙思邈注重以人为本、尊重生命，因此他在《备急千金要方》中，把"大医精诚"的医德规范放在了极其重要的位置上来专门立题，重点讨论。其第一卷中的《大医精诚》是论述医德的重要文献，《大医习业》是论述行医者提高业务水平的重要文献，这两篇著作为习医者所必读。

孙思邈认为，一个良医，必须以救死扶伤、解除病人疾苦为唯一职责，而不应有别的欲望；对待病人必须一视同仁，不得因任何原因加以歧视；必须不怕危险，不怕困难，敢于承担责任，一心救助；不能沽名钓誉；医生为病人治病要不怕脏不怕累；诊病必须仔细准确；医生要急病人所急，痛病人所痛；应替病人着想，尽量使用便宜药替代贵重药，对医方不要保密不传；必须精研医术，切忌浮躁骄傲；良医应尊重同行，互相学习，而不应互相嫉害。

这就是孙思邈对于良医的要求。而他本人也是以德养性、以德养身、德艺双馨的代表人物之一，成为历代医家和百姓尊崇备至的伟大人物，被誉为"药王"。

阅读链接

"虎守杏林"典故距今已有1000年，说的是唐代著名医生孙思邈的故事。孙思邈晚年曾云游于邱县，观其景物优美，民风淳朴，遂流连忘返客寓郊寺，悬壶行医无欲求他施医无类，效仿董奉为人治病不收钱，不受谢，唯望患者病愈后在寺旁植杏树3株，经年植杏树百亩，郁然成林，杏熟以杏易谷赈贫。

有一天，一只老虎突然伏在孙思邈面前，孙思邈惊悸之余，看见一块硕大的动物骨头深深地扎入了这头老虎的咽喉，就用铜环放入老虎的口中将其口撑开，然后伸手将骨头取出。

"虎撑"之法救了老虎，虎有灵性，便感恩为其守护杏林，并充当"药王"坐骑。孙思邈去世时，老虎绕寺哀啸三日，然后不知去向。

李时珍的阴阳五行思想

　　李时珍是明代蕲州，即现在的湖北蕲春人。其父李言闻是当地名医，李时珍继承家学，尤其重视本草，并富有实践精神，肯于向劳动人民群众学习。

李时珍就诊图

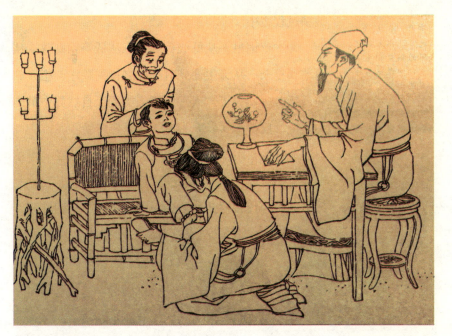

在父亲的启示下，李时珍认识到，"读万卷书"固然需要，但"行万里路"更不可少。于是，他穿上草鞋，背起药筐，在徒弟庞宪、儿子李建元的伴随下，远涉深山旷野，遍访名医宿儒，搜求民间验方，观察和收集药物标本。

■ 李时珍就诊图

李时珍经过长期的实地调查，搞清了药物的许多疑难问题，终于在1578年他60岁时完成了《本草纲目》这部药物学巨著。

《本草纲目》共52卷，190万字，载药1892种，附药图1109幅，方剂11096首。书中校正了过去本草学中的大量错误和非科学内容，综合了大量的科学资料，也提出了相当科学的药物分类方法。

阴阳五行学说是我国传统文化的思想精髓之一，李时珍把这一学说完全融入到了他的《本草纲目》的

标本 是动物、植物、矿物等实物，采取整个个体或是一部分成为样品，经过各种处理，如物理风干、真空、化学防腐处理等，令之可以长久保存，并尽量保持原貌，借以提供作为展览、示范、教育、鉴定、考证及其他各种研究之用。标本大致可分为兽、鸟、鱼、昆虫、植物、骨骼、虾蟹、化石标本等。

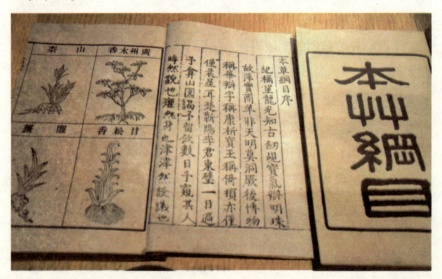

生克　亦作"生尅"。指五行之间的相生相克。五行学说认为宇宙是由金、木、水、火、土五种最基本物质构成的，宇宙中各种事物和现象的发展、变化都是这五种不同属性的物质不断运动和相互作用的结果。五行相生：木生火，火生土，土生金，金生水，水生木；五行相克：木克土，土克水，水克火，火克金，金克木。

■《本草纲目》

编撰过程之中。

《本草纲目》从低级到高级、从低等到高等、从简单到复杂、从无生命到有生命之排列顺序，把人放在最后，一切为了"人"，把人类置于自然界中最高的地位。反映了"以人为本"的思想内涵。

李时珍在阴阳五行学说上的突破，是他在《本草纲目》中对近2000种药物进行总分类的处理上。

书中的1892种药物分为16类，实际上是两部分。1卷至11卷、12卷至38卷为矿物和植物，为第一部分，39卷至52卷为动物部分。这个大次序当然也是按由低到高排列。通观各卷，可以发现，他是在阴阳五行指导下安排的。

事实上，《本草纲目》是以水、火、土、金、木高于全书16部的原则来分卷的。这是李时珍在构造和完善自己的体系。

李时珍说："今各列为部，首以水火，次之以

土；水、火为万物之先，土为万物之母。次之以金、石，从土也。次之以草、谷、菜、果、木，从微至巨也，次之以服器，从草、木也，次之以虫、鳞、介、禽、兽，终之以人，从贱至贵也。"

■ 李时珍行医蜡像

"土"原还不少；"金"和"石"合在一起，成一大宗；尤其是木，五行的这一行，容纳了本草学的全部植物药，当然又细分为草、谷、菜、果、木部。《本草纲目》的总"纲"式体系，显示着李时珍的阴阳五行思想的超自然性。

李时珍在《本草纲目》中写道：

> 天造地化而造木生焉。刚交于柔而成根荄，柔交于刚而成枝干，叶萼属阳，华实属阴，由是草中有木，木中有草，得气之粹为良，得气之驳，得气之恶者为毒。故有五行焉，金木水火土。

李时珍（1518年—1593年），字东璧，时人谓之李东璧，号濒湖，晚年自号濒湖山人。生于湖北蕲州，即今湖北省黄冈市。他是明代伟大的药物学家、医学家。所编《本草纲目》一书是我国古代药物学的总结性巨著，在国内外均有很高的评价，已有几种文字译本或节译本。

这段文字反映了阴阳五行之间的生克之变化，也就是阴阳五行"对立统一"的辩证关系。这种关系是一种运动，是一种规律，它们之间密切配合，使之平衡，无限循环，有规律地运动，才能使人类在这地球上生生不息地生存下来。李时珍把生命和自然看作是统一的运动过程，展现了一种"天人和通"的宇宙观和阴阳五行学术思想。

《本草纲目》是我国古代汉族传统医学集大成者。李时珍在书中不仅考正了过去本草学中的若干错误，综合了大量科学资料，提出了较科学的药物分类方法，融入先进的生物进化思想，还反映了丰富的临床实践。本书也是一部具有世界性影响的博物学著作。

阅读链接

李时珍在遍访药材时，有一次在古寺夜宿，他与弟子庞宪准备趁着大好月色，把今天寻访所得记下来。李时珍把本子摊开，拿起毛笔，边忆边写。写到一样草药时，李时珍停下笔，让庞宪把药包拿来，从里面翻出一种草。这是一种奇异的草，一只黄褐色的虫子拖着一截黑黑的草。

李时珍惊叹地说道："曾经会爬的虫子，到了夏天居然发了芽长出草来，这是自然界唯一的动植物一体的神物，真是奇迹的生命呀！大自然赋予其这样阴阳平衡的神奇造化，必使其成为生命的奇迹！"

中医把几乎所有的药材功效都划分了阴阳属性，而冬虫夏草则是中药中唯一的异类，它本身兼具了虫的阳和草的阴两种特征，是中医药典里至今为止唯一的阴阳同体。

李时珍对冬虫夏草阴阳五行的解释，使这种高原的灵物成为中药中唯一能阴阳同补的圣药，因此被称为"中药之王"。

阴阳为道

阴阳学说是我国哲学范畴中的一门学问，它不仅适用于自然宇宙，也适用于人与人之间的关系。在人际交往中，古人认为"和为贵"，这是一项基本原则。人处于世间，若悟得阴阳之妙，处世之道尽矣。

古代懂得阴阳之道的人，堪称善于处世的智者。诸如战国时期蔺相如，西汉三杰之一的韩信，北宋文学家苏轼，被称为晚清"中兴四大名臣之一"的曾国藩等，他们深受传统文化濡养，把握阴阳之道，和谐人际关系，创造人生辉煌，为人们留下宝贵经验，对如何构建完美人生具有积极的启示作用。

廉颇和蔺相如的相处故事

廉颇艺术雕塑

阴阳学说认为，天地间的阴阳存在着相互滋生、相互依存的关系，阳依附于阴，阴依附于阳，都不能离开另一面而单独存在。因此，事物内部的阴阳总是试图努力协调彼此之间的协调统一性，最大限度地避免相互之间的不良斗争性的存在。

我国古人处理人际间矛盾的特点是：对立和斗争不以一方面消灭另一方面为结局，而是相辅相成，协调配合。廉颇和蔺相如的故事就充分体现了"阴阳互根"的人生智慧和传统文化意义。

廉颇是战国时期赵国优秀的将领。公元前283年，时为赵国将军的廉颇率领赵军征讨齐国，大败齐军，夺取了阳晋，晋升为上卿，从此他以英勇善战闻名于各诸侯国。

蔺相如是赵国宦官令缪贤的门客，曾经带着和氏璧出使秦国，既捍卫了赵国的尊严，又"完璧归赵"，把和氏璧带回赵国，保护了赵国的利益。

后来，秦王派使者告诉赵王，想在西河外的渑池与赵王进行一次友好会见。这是一次暗藏杀机的会见，蔺相如义无反顾，随同赵王前去赴会，并在会见中对越礼的秦王大声呵斥，再一次维护了赵国的尊严。由于蔺相如功劳大，也被封为上卿，且官位在廉颇之上。

■ 廉颇泥塑头像

廉颇得到这个消息后，心中不平，他认为，自己作为赵国的将军，有旷野作战、攻占城池的大功劳，而蔺相如只不过靠能说会道立了点功，地位却在自己之上，况且蔺相如本来就出身卑贱。因此，廉颇感到羞耻，无法容忍地位在蔺相如之下，并且扬言说："我遇见蔺相如，一定要羞辱他一番！"

蔺相如听到这话后，就有意地躲着，不和廉颇碰面。每到上朝时，蔺相如常常声称有病，不愿和廉颇去争位次的先后。有一次蔺相如外出，远远看到廉颇，就立刻掉转车子回避。

门客 作为贵族地位和财富的象征最早出现于春秋时期，那时的养客之风盛行。每一个诸侯国的公族子弟都有着大批的门客，如楚国的春申君黄歇，赵国的平原君赵胜，魏国的信陵君魏无忌，齐国的孟尝君田文等。门客具有鲜明的世俗性和依附性。

■ 廉颇向蔺相如负
荆请罪（剧照）

渑池之会 公元前279年，秦昭襄王为集中力量攻打楚国，主动与赵国交好，约赵惠文王会于渑池。宴会上，蔺相如机智周旋，使秦王始终无法羞辱赵王。渑池之会后，蔺相如以功授官为上卿，廉颇不服气，以至于有后来的负荆请罪。

蔺相如的门客一起来向蔺相如抗议说："我们之所以离开亲人来侍奉您，是仰慕您高尚的节义。如今廉颇传出坏话，而您却胆小懦弱，害怕地躲避着他，这也太过分了，一般人尚且感到羞耻，更何况是您这个身为将相的人呢？我们这些人感觉没有出息，请让我们辞去吧！"

蔺相如坚决地挽留他们，说："诸位认为廉将军和秦王相比谁更厉害？"

众人都说："廉将军比不上秦王。"

蔺相如说："以秦王的威势，而我尚敢在'渑池之会'上呵斥他，羞辱他的群臣，我蔺相如虽然无能，难道会害怕廉将军吗！但是我想到，强大的秦国之所以不敢对赵国用兵，就是因为有我们两人在呀。如今我们俩相斗，就如同两猛虎争斗一般，势必不能同时生存。我之所以这样忍让，就是将国家的危难放在前面，而将个人的私怨搁在后面罢了！"

蔺相如说的这些话传到廉颇耳朵里，他羞愧难当，就脱去上衣，露出上身，背着荆鞭，来到蔺相如的门前请罪。

廉颇来到蔺相如面前，跪在地上，真诚地说："我是个粗野卑贱的人，想不到将军的胸怀如此宽大啊！"

廉颇赶忙双手扶起蔺相如，然后与他紧紧拥抱在一起。二人终于和好，并且从此成了生死与共的好友，共同保家卫国。

这一年，廉颇向东攻打齐国，打败了齐国的一支军队。两年后，廉颇又攻打齐国的几邑，并占领了它。3年以后，廉颇去攻打魏国的防陵和安阳，都攻下来了。4年之后，蔺相如率师攻打齐国，一路打到平邑才罢手。廉颇、蔺相如二人为了保卫国家，合力出击，赵国声威大振。

廉颇、蔺相如二人和好，被称为"将相和"。这个故事说明，世间万物都有阴阳，而且互为根本，只有"和"才有生机和活力。这种对待矛盾的朴素的辩证思想，对于现在的人们实现和谐人生的理想也是大有裨益的。

阅读链接

公元前259年，秦军与赵军在长平对阵，那时蔺相如已病危，赵孝成王派廉颇率兵攻打秦军，秦军几次打败赵军，赵军坚守营垒不出战。秦军屡次挑战。廉颇置之不理。

后来，赵王听信秦军间谍散布的谣言，以赵括为将军，取代了廉颇。蔺相如说："大王只凭名声来任用赵括，就好像用胶把调弦的柱粘死再去弹瑟那样不知变通。赵括只会读他父亲留下的书，不懂得灵活应变。"赵王不听，还是命赵括为将。

后来，赵括果然惨败，赵国几乎灭亡，幸得五国出兵相救，方才暂时平安无事。一代政治家和外交家蔺相如就在这一时期去世了。

韩信忍辱负重终成大器

阴阳学说认为，同一体的阴阳，在一定的条件下，当其发展到一定的阶段，双方可以各自向其相反方面转化，阴可以转为阳，阳可以转为阴。这就是"阴阳转化"的规律。

世间的事物发展前途是光明的，但不能轻举妄动，否则，不但不能成事，而且还有可能遭遇灭顶之灾。韩信就十分明白"阴阳转化"的规律，最终功成名就。

韩信是秦末的淮阴人，小时候父母早丧，家贫如洗。虽然有满腹的韬略，却因为时运不济，连个小官也当不上。可他

韩信贡像

既不会经商，又不会务农，没有稳定的经济来源，只好整天佩着把剑冒充高手闲游，靠讨饭过日子。

■ 萧何月下追韩信

　　淮阴屠户中有个年轻人侮辱韩信说："你虽然长得高大，喜欢佩带刀剑，其实是个胆小鬼。"

　　韩信听有人这样说自己，并不放在心上，就准备离他远些，免得惹麻烦。

　　年轻的屠户见韩信要跑，又当众侮辱他说："你要是不怕死，就拿剑刺我；如果怕死，就从我胯下爬过去。"

　　韩信仔细地打量了他一番，低下身去，趴在地上，从他的胯下一步步爬了过去。满街的人都笑话韩信，认为他胆小。

　　虽然那时候周围大多的人都讨厌他，可终究有看好韩信的。当时有一位亭长，看韩信骨骼奇异，知道他将来会有大事业，就对他十分照顾。于是，韩信就经常在他家吃闲饭，没事聊天。

淮阴 即淮安，位于江苏省中北部，江淮平原东部。春秋战国列强争夺的重要地区，先后为吴、越、楚所有。秦统一六国后，推行郡县制。秦末农民大起义中，淮安人民蜂起响应。著名军事家韩信即于此时仗剑从戎，立下赫赫战功。

平衡之美

阴阳调和的思想内涵

这时间一长，亭长的老婆不耐烦起来了，凭什么让这个游手好闲、不干正事的人在家里白吃东西啊？就想着怎么把韩信赶出去。

一天，亭长的老婆没等公鸡叫就起来烧火做饭，早早地就把早饭吃了。等到韩信像往常一样在外面散步后回来吃饭时，见什么吃的也没剩下了。这韩信讨了个没趣儿，心里便明白了主人的意思，只好无可奈何地离开亭长家，另谋生路去了。

韩信离开亭长家后，一路讨饭流浪到淮阴城下。看到河里鱼多，他就自己扎了根鱼竿钓起鱼来。钓着鱼了，就烤着大吃一顿；钓不着鱼，就只好挨饿。这样没过多久，韩信便变得面容憔悴了。

韩信在城下钓鱼时，有许多老妇在冲洗丝絮，其中一人见韩信饿得可怜，就给他饭吃，一连几十天都是这样，直到漂洗完毕。

■ 汉初三杰浮雕

■ 抱犊寨韩信祠

韩信对这位老大娘表示："我将来成就大业，一定要报答您老人家。"

老妇很生气，斥责韩信："大丈夫不能自食，我只是可怜你才给你吃食，难道是希图报答吗！"

身处人生低谷的韩信听了这话，如醍醐灌顶，对世间事物的认识又深入了一步。

秦末农民军首领陈胜、吴广在大泽乡起义反秦后，楚国贵族项梁也积极响应，渡过淮河北上。在轰轰烈烈的反秦浪潮中，韩信带着宝剑投奔了项梁，留在部队，但他默默无闻。

项梁战败后，韩信又归属项梁的侄子项羽，项羽让他做郎中。韩信多次给项羽献计，项羽不予采纳。

刘邦被项羽封为汉王后入蜀，韩信离楚归汉，做管理仓库的小官，依然不被人所知。

后来韩信犯法当斩，同案的人都已处斩，就要轮到韩信了，韩信举目仰视，看到了正在巡视法场的将领夏侯婴，说："汉王不打算得天下吗？为什么杀掉壮士？"

大泽乡 历史地名，其位置在今安徽省宿州市南西寺坡镇的刘村。秦朝末年陈胜、吴广于此地发动了我国历史上第一次农民大起义。这次起义史称"揭竿而起"，又称"大泽乡起义"，也称"陈胜吴广起义"。《史记·陈涉世家》记载了这次起义的经过。

夏侯婴觉得此人话语不同凡响，看他相貌威武，就放了他，同他交谈，很欣赏他，于是进言刘邦。

刘邦最初没有发现韩信与众不同的地方，只封他一个管理粮饷的官职。后来，刘邦的重要谋臣萧何了解到韩信是个奇才，就再次向刘邦举荐。刘邦经过与韩信交谈几次后，果然如萧何所言，任命他为大将军。

韩信拜将后，向刘邦献出定国安邦良策，为刘邦制定了东征以夺天下的方略。刘邦听后大喜，自以为得韩信太晚，对韩信言听计从。

后来，韩信统帅大军东进灭赵，妙计灭齐，平定四国，最后击败项羽，为刘邦立了汗马功劳，被封为楚王，与萧何、张良并列为"汉初三杰"。

韩信没有忘记那个当初给他饭吃的老妇，命人把她从淮阴请来，当面称她为"漂母"，并赠给她黄金一千两以答谢她。又召见曾经侮辱自己，让自己从胯裆下爬过去的年轻屠户，封他为中尉。

如果说"阴阳消长"是一个量变过程的话，那么积极地促成阴阳转化，向好的方向发展，这便是一个质变的过程。韩信的故事恰恰说明了这样的道理，这对人们如何面对人生低谷很有启示意义。

阅读链接

韩信熟谙兵法，自言用兵"多多益善"，作为战术家，韩信为后世留下了大量的战术典故：明修栈道暗渡陈仓、临晋设疑、夏阳偷渡、木罂渡军、背水为营、拔旗易帜、传檄而定、沉沙决水、半渡而击、四面楚歌、十面埋伏等。其用兵之道，为历代兵家所推崇。

作为军事家，韩信是继孙武、白起之后，最为卓越的将领，其最大的特点就是灵活用兵，是我国战争史上最善于灵活用兵的将领，其指挥的井陉之战、潍水之战都是战争史上的杰作。

苏轼学以致用的独特修养

《周易》是商周之际的一部卜筮书，书中记载了64卦的卦象、64条卦辞和384条爻辞。它认为世间万物的发展变化，均是由阴阳所主宰，并用64卦占卜祭祀、战争、商旅、婚姻、生产等的吉凶祸福。

苏轼画像

《周易》在我国历史上长期被崇奉为"群经之首，大道之源"，其阴阳观对后世产生了重要影响。北宋著名文学家苏轼以《周易》阴阳观反照自身时，便找到了导致自己屡遭祸患的内在原因并作出调整，成了一个善于学以致用的智者。

苏轼天性刚愎傲逸、是非分明，这种性格给他招来了无尽的祸患。他与"洛党"结怨便导源

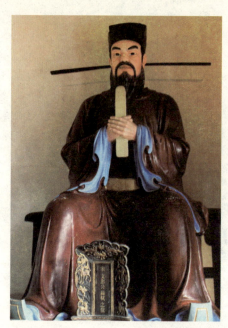

■ 苏轼贡像

于此——与洛党人士结怨并非为了什么重大事情，只仅仅是他刚直偏激的性格所致。

苏轼晚年被贬海南遇赦北归时对自己进行总结，他说自己"刚愎自用，可谓小忠；猖狂妄行，乃蹈大难。皆臣自取，不敢怨尤"。在遭受了7年濒临死地的贬谪之后，苏轼没有一句怨天尤人之言，而把这一切归咎于自己"刚愎自用""猖狂妄行"的性格之失。可以想见，这种刚愎之性给他的身心带来了多么沉痛的伤害。

正因有这种痛楚的体验，所以苏轼对"一阴一阳之谓道"的哲理深蕴就体悟得更加透彻。如他在解《周易·贲卦》彖辞时，就体现了遭受打击之后的深刻感悟。《周易·贲卦》彖辞说：

> 《彖》曰：贲，亨。柔来而文刚，故亨。分，刚上而文柔。故以"小利有攸往"。刚柔交错，天文也。文明以止，人文也。观乎天文以察时变，观乎人文以化成天下。

意思是说，《彖辞》说：贲，通达。此卦下卦为离，义为阴柔，上卦为艮，义为阳刚，所以说阴柔

离 是《周易》六十四卦中第三十卦。离的意思是"罹"，即遭遇灾祸。"离"作为本卦的标题，与内容有关。全卦内容主要描述的是一场自卫反击战，从保持警惕，敌人突然袭击，到国王率众反击，大获全胜。这场战争看似简单，实是上天意向的体现。

文饰阳刚，因此"通达"。柔、刚分布，刚为主而柔为衬，所以说"有所往则有小利"。刚柔交错成文，这是天象。社会制度、风俗教化是人们生活的基础，是社会人文现象。观察天象，就可以察觉到时序的变化；观察社会人文现象，就可以用教化改造成就天下的人。

苏轼解析此卦时说："刚若没有柔的相济，就不能亨通；柔若不附着于刚，则不能有所前往。只有刚柔相济，刚才能得以亨通，柔才能有所前往。同理，只有遵奉阴阳刚柔相济相成之道，天下之人才能成为有用之材，天下之道才能成为可行之道。"

苏轼结合自己的经历，获得一种新的观念，他认为：不管是人还是道术，都必须经过"一阴一阳"之易道的陶冶、整合，才可成为有用之材、可行之道。阴阳刚柔相济，是成就人才、推行道术的必备前提。

在这种认识启示下，苏轼认识到了这样一个历史

■ 苏轼生活蜡像

苏轼作品石刻

事实：从古至今，凡是和顺平易者都能够与众人同心而获得安定，凡是刚愎自用者都会与众人异心而遭遇人生困厄。

在这个铁的历史事实的参照下，在对自己屡遭祸患根由的反省中，苏轼终于醒悟到，必须对自己的刚愎性格加以修正。

苏轼的这种悔改意识曾经在《子由自南都来陈三日而别》、《与章子厚参政书二首》之一及《与叶进叔书》等诗文中透露过，都是他的肺腑之言。

经过近半年牢狱生活的摧折、磨炼，苏轼不仅认识到灾祸的起因是自己那骄狂浮躁、冥顽偏执的个性，因此决心要把平时那种种骄狂刚愎之性消磨掉；同时，他也谆谆告诫晚辈们，性格一定要修炼得宽和平易些。如《龙尾石砚寄犹子远》：

伟节何须怒，宽饶要少和。

吾衰此无用，寄与小东坡。

此诗是1095年苏轼60岁时写的。"伟节"指东汉末年的贾彪兄弟三人，天下称曰"贾氏三虎，伟节最怒"。"宽饶"指西汉的盖宽饶，他自恃有益于国，行为清高，后竟被害。与其说苏轼在劝诫为人类己的侄子"小东坡"性格要和顺些，毋宁说是在警戒自己。由此可见苏轼对宽容通达、冲和恬淡性格的追慕之情。

晚年的苏轼对天下文人寒士都很欣赏，无论贤与不贤，都与之愉快地交往。有一次他和弟弟苏辙说："在我看来，天下都是好人，我上可以陪玉皇大帝，下可以陪悲田院的乞丐。"

苏轼在有生之年的确修炼到了至高境界，其感情维度跨度如此之大，只因其人格修炼的张力如此之大。他的这些话，正可作为他宽和通达性情的最佳注脚。

苏轼历经沧桑后对《周易》阴阳观的深切感悟，认为阴阳之道对人具有陶冶、整合作用，指出了阴阳对于万物的支配作用，堪称一位洞悉世间万象的哲学家。充分地体现了苏轼学以致用的人格修养。由此可见，苏轼不仅是一个文学家，而且是一个思想家。

阅读链接

苏轼在京城会考时，主审官是大名鼎鼎的北宋文学名家欧阳修。他在审批卷子的时候被苏轼华丽绝赞的文风所倾倒。为防徇私，那时的考卷均为无记名式。所以欧阳修虽然很想点选这篇文章为第一，但他觉得此文很像门生曾巩所写，怕落人口实，所以最后评了第二。

到了发榜的时候，欧阳修在知道文章作者是苏轼后后悔不已，但是苏轼却一点计较的意思都没有，苏轼的大方气度和出众才华让欧阳修赞叹不已："这样的青年才俊，真是该让他出榜于人头地啊！"并正式收苏轼为弟子。成语"出人头地"就是从这儿来的。

曾国藩的一阴一阳之道

曾国藩画像

《周易》集中了我国古代最高的智慧，用阴和阳来代表宇宙之间普遍存在的一种对立而相关的现象。晚清"中兴四大名臣"之一，被誉为"完人"的曾国藩从中悟出了什么东西呢？

曾国藩出生在湖南省湘乡县一个偏僻的农民家庭，家里五百年来没有一个人有过科名，父亲考了17次，才在43岁那年中了一个秀才的头衔。

曾国藩5岁发蒙，23岁中秀才，24岁中举人，然后通过3次考试才在28岁那年中进士入翰林。30岁时，由北京城里芝麻绿豆大的小官起步，只用7年，就官至二品，这在湖南是空前绝后的，堪称祖宗三代的大福了。

曾国藩在30岁的时候，就将《周易》读通了，他多次在家书中说到自己在《周易》里读通了一个道理"削息赢满"，也就是《周易》说的"一阴一阳之谓道"。曾国藩遵守阴阳之道，他把名利、荣耀看作阳，坎坷、失败看作阴，自我进行阴阳调和。

《周易》中说："阴阳互动，顺厄可变。"年有四季，岁有轮回。人生在世，有顺境，也有逆境，有飞黄腾达日，也有潦倒落魄时。这就要求一个人能够宁静、平和，淡然处之，所谓"居上位而不骄，居下位而不忧"。

曾国藩懂得《周易》中阴阳消长的道理，知道笃行可以带来理想的结果，也就是阴阳学说中的"阴阳转化"。曾国藩日修身，夜慎独，学不止，死不畏，这就是他的笃行。

曾国藩的笃行体现了他注重意志的力量，他说过，"有志就断然不肯甘居下流"，"有恒就没有做不成的事"，对于意志力量的重视，可以说达到了极点。

勤勉是德行的根本，成功的前驱。曾国藩在攻读学业方面无论是精神还是方法都有许多值得总结的地方。如他的"四多"，多读，多看，多写，多作；他的"三有"，盖士人读书，第一要有志，第二要有

■ 曾国藩雕塑

进士 我国古代科举制度中，通过最后一级考试者称为进士。是古代科举殿试及第者之称。意为可以进授爵位之人。隋王朝于605年首次开的进士科，被视为科举的开端。隋、唐时，"进士科"只是科举各科中的其一，考的是诗赋。因为进士科是常科，考取又最难，故此最为尊贵，地位亦成为各科之首。

识，第三要有恒；他的"三法"，约、专、耐。同时做到"看、温、习、思"。

这种笃行，使曾国藩面对别人的不理解、不支持或是讥讽、嘲笑甚至是侮辱时，不怨天尤人，而是好汉打脱牙和血吞，咬牙立志，徐图自强。

曾国藩的笃行在"洋务运动"中得到了充分体现。他坚持"中国的事情由中国自己解决"，"关键时还要自己立得住"，尤其是他倡导向西方学习以及大兴洋务之事，使他无愧于"洋务领袖的实力派"这一头衔。

■ 曾国藩手迹

几经周折，几番苦乐，而洋务救国的初衷未改，足见曾国藩的笃行之坚实。虽然未能圆其救国之梦，倒也赢得了"中国近代化之父"的美誉。

古话说："有志者，事竟成。"晚年的曾国藩干出了很大的事业，已经"阳"得不得了，但他时时刻刻有一种恐惧之感，生怕因为阳刚太盛使自己陨灭。所以，他韬光养晦、不盛气凌人。

曾国藩认为一切好的东西可以比之为阳的范畴。他认为，在大胜、大利、大吉之时，应该想到人生处处有惩处。因为古来成大功大名者长寿的少，所以他求阴来补，所以退让、宽容别人，压抑自己，力求用

洋务运动 又称自救运动。是近代我国第一次大规模地模仿、学习西方工业化的运动，是一场维护封建皇权前提下由上到下的改良运动。当时引进了大量西方18世纪以后的科学技术成果，学习近现代公司体制兴建了一大批工业及化学企业，从而开启了日后中国的工业发展和现代化之路。

"阴"来抵清"阳"的旺盛，保持阴阳平衡，以求得全家的安宁。

曾国藩曾写有一副对联："战战兢兢，即生时不忘地狱；坦坦荡荡，虽逆境亦畅天怀。"他称之为"悔字诀"与"硬字诀"。

他还写过一联："养活一团春意思，撑起两根穷骨头。"也是一悔一硬，阴中显阳，可进可退，亦行亦藏。正是这种阴阳平衡思想使其自由地游刃于天地之间。

谈及成功，曾国藩自己认为是拙诚，是经历多次大难之后取得的。他晚年总结的治心经，讲究身、心并治，口、体兼防，并坚决守之而不改。其中"诚"为立身之本，治心之本。

把诚实与胸襟联系在一起，可以说是曾国藩的"发明"。诚则内心明，内心明则诚。他认为诚实不但是美德，而且可以宜身：不说假话的人，是没有私心杂念的。没有私心杂念的人，就是胸怀宽广的人。

为了实现最大限度的阴阳平衡，曾国藩对兄弟说：我居高位，又获得了极高的虚名，时时刻刻都有颠覆的危险。通观古今人物，像我这样名大权重的人，能够保全善终的人极为少见，因此我深深担忧在

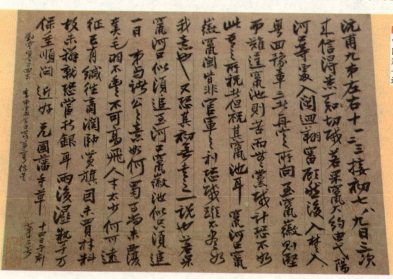

曾国藩手迹

曾国藩故居牌匾

我全盛之时，不能庇护你们，到了我颠覆之时，或许还会连累你们。所以只有在我没事的时候，时常用危词苦语来劝诫你们，这样或许能够避免大灾大难啊！

怀着这种深沉的认识和忧惧，曾国藩把这一感触不时传送到兄弟们身上，他鼓励、劝勉他们为百姓多干实事，勿为"名望"二字所累。可见他得意之时，强调"势不使尽，弓不拉满"，深得阴阳进退之道。

由于曾国藩深谙阴阳之道，所以，他在封侯加爵的辉煌之时，没有忘乎所以，没有居功自傲，而是以阴冲阳，削减湘军，兴办学堂，逐渐淡化自己头上的光环，最后才得安享晚年，无疾而终。

阅读链接

曾国藩小时读书十分辛苦，为了把文章背下来他常常熬夜。一天夜里，一位盗贼到曾家行窃，等了好久曾国藩还在反反复复地背同一篇文章。他不入睡盗贼就无法行窃。盗贼等不及了就隔窗破口大骂，说：你还有完没完？就这么一篇短文章还背不下来！我听你背书耳朵都磨出硬趼子了！你小子听着，看大字不识的盗贼我给你背一遍！说罢便一口气把那篇文章背完，然后扬长而去。

阴阳五行学说是我国传统文化的重要体系之一,是古代解释自然界阴阳两种物质对立和相互消长的理论根据及说明世界万物的起源和多样性的哲学概念。我国古代各种建筑活动, 从选址、规划、设计到营造, 几乎都受到阴阳五行学说的深刻影响。

阴阳五行学说是我国古代建筑设计的一种出发点, 也是建筑活动中寻求阴阳平衡的具体科学技术。我国古代建筑中的布局、定位形制及色彩装饰, 无不贯彻了阴阳五行的种种原理。

阴阳五行

古建中体现的阴阳观念

　　阴阳相成、阴阳合德的观念，在我国古代建筑中有着充分体现。一般认为，建筑物为实属阳，庭院空地为虚属阴；室外为阳，室内为阴；石土为阳，林木为阴；水为阳，山为阴；南为阳，北为阴；高为阳，低为阴；受阳光直射空间为阳，阴面空间为阴；地上为阳，地下

■ 古代衙门正门

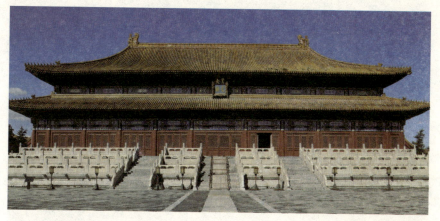

为阴，等等。

在我国传统建筑中，大型建筑并不意味着庞然大物，而是一系列的阴虚阳实相间的庭院与由"间"组成的"幢"沿着某种轴线关系而组成的层层渐"进"的建筑群。建筑设计中既要设计"实"，也要设计"虚"，充分体现了古人阴阳互根的审美思想，气势恢宏的北京故宫是如此，水乡江南一些典型的民居也是如此。

总体上来说，较正规的官式建筑与公共建筑，主要包括皇宫、庙宇、皇陵、官衙和城门等，一般都严谨、高大，相对表现出阳刚特征；而民居建筑，一般都布景灵活、谦和自然，相对表现出阴柔特征。

再从地域来说，北方建筑阳刚之气较重，南方建筑阴柔之气较浓。同时，同一个建筑物单位或建筑群，也有阳刚、阴柔之美的对比。

北方以北京紫禁城为例，总体上有阳刚之美，而以太和殿、中和殿、保和殿"三大殿"与左右配殿相比，则前为阳刚，后为阴柔；以"三大殿"与御花园

官衙 我国古代对政府机关的通称。也称衙门。别称是六扇门。"牙门"系古代军事用语，是军旅营门的别称。当时战事频繁，王者打天下，守江山，完全凭借武力，因此特别器重军事将领。军事长官们以此为荣，往往将猛兽的爪、牙置于办公处。后来就在军营门外以木头刻画成大型兽牙作饰。

■ 中式建筑天井

比较，又前为阳刚，后为阴柔。

南方以江南农村住宅为例，其建筑风格朴素自然、白墙青瓦、依山傍水，与幽林曲溪自然融合，亲切、秀丽而又含蓄。显示出阴柔之美。

阴阳相生，阴阳和谐观念，在我国古建筑中无所不在，其"阴阳"观念体现在各个方面。

在建筑选址方面，一般认为背山面水为佳。山为阴，水为阳。背山面水的场地给建筑提供了阴阳相生的环境。相对来说，庭院场地为阳，树木花草为阴。

在场地设计方面，我国古代建筑一般都将建筑、园林或庭院融为一体；建筑为阳，园林、庭院、天井为阴；在庭院中，一般喜欢植树种花。

在古代园林设计中，经常模仿太极图，以地面为阳，水面为阴，呈现阴阳交合、阴阳平衡的状态。古人认为方位有主从，可分阴阳，南北相比，北为尊。阴阳与尊卑思想，结合日照的特点，使得建筑坐北朝

■ 须弥福寿之庙琉璃宝塔

南成为古建筑的普遍要求。

　　古人认为，奇数为阳，偶数为阴。古建筑一般都遵循这样的阴阳数理。如北京紫禁城内城的城门南设三门，南为奇数，为阳；北设二门，北为偶数，为阴。又如我国古塔，认为天在上，所以建筑层数要配合天数，即奇数；地是方的，在下，所以平面形状要合地数，即偶数，塔的平面都是偶数边形，如四角、六角、八角、十二角等。

　　佛教建筑如同佛教一样，作为一种异质的存在不可避免地会与中土文化产生矛盾，而以塔为中心的塔庙形式就是如此，一个以塔为中心，一个以宫室为中心。对于佛教建筑，古代工匠们有两种选择，要么在引入塔庙时原原本本地继承其布局形式，把塔放在系统中心；要么引入塔庙，但宫室的中心地位保留，把塔放在次要的位置。

布局　建筑上特指建筑物或物体居处的相对位置的排放。洛阳城是我国古代都城中定都时间最长、规模最大的都城，东周、东汉、曹魏、西晋、北魏等朝代先后以此为都。北魏洛阳建筑布局形制，代表了佛教建筑在我国本土化的进程。

毫无疑问，后者是唯一的选择，如果取前者，工匠即使有心，这样布置的建筑也是无法修建的。这样，原本以塔为中心的塔庙形式就被改造成为以殿堂、宫室为中心的我国特色的建筑布置形式。因此，佛教建筑同样体现了我国传统文化中的阴阳相生、阴阳和谐观念。

我国佛教建筑这一本土化进程的代表，就是北魏都城洛阳的布局。北魏都城洛阳在景观上形成了两套并不一致的系统，一方面是以中轴线为枢纽，两侧尽可能对称布局，并且主要是平铺展开的，以充分展示以宫殿为主要目的的皇权秩序系统。另一方面则是突出高耸的体量，杂错于皇权秩序系统之中，游离于原有结构的佛教景观系统之外。

总之，阴阳系统的整体性思维造就了我国特有的建筑布局。我国古代建筑就像国人的性格一样倾向保守和隐忍，但同时也体现了我国古人在阴阳思想指导下，重整体、顾大局、重家庭的情怀。

平衡之美

阴阳调和的思想内涵

阅读链接

据说古都北京是按照《周易》原理进行规划和设计的，是按"天人合一"的宇宙观念建造的，古都北京的每一处古老的建筑，都蕴含着《周易》古哲的不朽光辉。

北京的天坛、地坛、日坛、月坛是按《周易》八卦的原理设计的，是按照八卦的方位建造的。内城、皇城、皇宫是按"天地人三才"设计的，天坛、地坛、日坛、月坛的建筑形象特点也是根据《周易》而来。天坛、地坛内涵的"数"符合《周易》原理，并按《周易》"元、亨、利、贞"命名坛门。

总之，《周易》原理是古都北京城、皇城、后宫在设计和命名中所遵循的重要思想，只有沿着《周易》这条脉络去研究我国古都，才能找到真正的答案。

北京紫禁城与阴阳五行

《周易》最早论及建筑起源和基本功能，《系辞传下》中说：上古时代，人们居住在野外的山洞里。后来黄帝建造房屋，改变了居住的环境，于是人们就住进去躲避风雨。

《周易》所蕴含的象、数、义、理等思想，特别是其中的阴阳学说，对我国古代都城规划建设具有深远影响。在这方面，北京紫禁城

故宫全景

的建筑布局堪称典范。

阴阳学说是我国古代哲学和文化思想上的基本范畴，阴阳思想是揭示万物运动过程中矛盾运动的两个方面。北京紫禁城规划中的阴阳学说的运用，使其整体布局形成了一个阴阳互补、互助互动的活体，可谓独具特色、独树一帜。

北京紫禁城位于市中心，现称为故宫，意为过去的皇宫。它是明清两代的皇宫，也是当今世界上现存规模最大、建筑最雄伟、保存最完整的皇家建筑群。其南北长961米，东西宽753米，占地面积达72万平方米。有房屋890座，共计8707间。四面环有高10米的城墙和宽52米的护城河。

我国古代将天空中央分为太微垣、紫微垣、天帝垣三垣。其中的紫微垣为中央之中，是天帝所居处。明代皇帝将都城北京皇宫定名为"紫微宫"，"紫禁城"之名由此而来。

■ 紫禁城壁画

在我国古代建筑师看来，空间概念永远是阴阳两种对立的力量和谐而又动态地共存于统一体之中：刚柔、静动、虚实、无有、小大、伏起、敛放等阴阳对立的力量始终处于一个互相依存、互相转化、周而复始无限运化的关系之中。

因此，紫禁城的建筑师把城中最大的奉天殿即后来的太和殿布置在中央，供皇帝所用。奉天殿、华盖殿即中和殿、谨身殿即保和殿象征天阙"三垣"。三大殿下设3层台阶，象征太微垣下的"三台"星。

以上是"前廷"，属阳。古代数字有阴阳之分，奇数为阳，偶数为阴。按照偶阴奇阳的数理，阳区有"前三殿"、"三朝五门"之制，阴区有"六宫六寝"格局。

"后寝"部分属阴，全部按照紫微垣布局。中央是乾清宫、坤宁宫、交泰宫三宫，左右是东西六宫，总计是15宫，合于紫微垣十五星之数。

乾清宫的宫门至丹阶之间，两侧盘龙6个列柱，象征天上河神星至紫微宫之间的阁道六星。午门在前，上置五城楼又称"五凤楼"，为"阳中之阴"。

紫禁城角楼

　　内庭的乾清宫为皇帝寝宫，与皇后坤宁宫相对，在寝区中的乾阳，为"阴中之阳"。太和殿与乾清宫，虽同属阳，但地理有别。太和殿以3层汉白玉高台托起，前广场内明堂壮阔。

　　乾清宫的前庭院，台基别致，前半为白石勾栏须弥座，后半为青砖台基，形成独特的"阴阳合德"的和合。

　　北京城"凸"字形平面，外城为阳，设7个城门，为少阳之数；内城为阴，设9个城门，为老阳之数，内老外少，形成内主外从。这是按照八卦易理布局的。八卦易理中的老阳、老阴可形成变卦，而少阳、少阴不变，内城用九数，乃是"阴中之阳"。

　　内城南墙属乾阳，城门设3个，取象于天。北门则设2个，属坤阴，取象于地。皇城中央序列中布置5个门，取象于人。如此，天、地、人三才齐备。全城宛如宇宙缩影。城市形数匹配，形同涵盖天地的八卦巨阵。

　　故宫中轴线上的建筑有永定门、箭楼、正阳门、端门、午门、内金水桥、太和门、太和殿、中和殿、保和殿、乾清门、乾清宫、交泰殿、坤宁宫、坤宁门、天一门、银安殿、承光门、顺贞门、神武门、景山门、万春亭、寿皇门、寿皇殿、地安门桥、鼓楼和钟楼。建筑轴线达到7.5千米，是明初时的世界之最，也体现"洛书"的方位常数15之数。

阴阳的思想是通过金、木、水、火、土这五行物象反映出来的，即五行属于阴阳内容的存在形式。因此，紫禁城也反映了"五行"思想，主要是色彩的运用。

在五行的颜色属性上，属金的颜色有白色、杏色和金色；属木的颜色有青色、绿色；属水的颜色有黑色、蓝色；属火的颜色有红色、紫色；属土的颜色有黄色、棕色。

紫禁城在色彩应用上，宫墙、殿柱用红色，红属火，属光明正大。屋顶用黄色，黄属土、属中央，皇帝必居中。皇宫东部屋顶用绿色，属东方木绿，属春，用于皇子居住。皇城北部的天一门，墙色用黑，北方属水，为黑。

同时，紫禁城所有单体建筑，也因性质不同而选用了不同的颜色。藏书的文渊阁，用黑瓦、黑墙，黑为水，可克火，利于藏书。二

紫禁城太和门

紫禁城全景图

层的文渊阁室内,上层为通间一大间,下层分隔为六间,体现"天一生水,地六成之"的《周易》思想。天安门至端门不栽树,意为南方属火。

五行学说中还有"相生相克"的说法,因此三大殿多用红色墙壁和油饰体现"火生土"的规律,尽量少用绿色,也不种植树木,就是为了防止"木克土"。

总之,北京紫禁城建筑的规划布局充分运用了阴阳五行学说,是传统文化的典范体现,堪称我国传统建筑艺术的代表。

阅读链接

明清两代,建筑技术有较大程度的发展。设计与施工高度标准化、定型化,既加快了工程进度,又便于施工和经费的管理。清代宫殿修造,由内务府会同工部共同掌管。内务府设营造司,负责紫禁城的修缮事宜。营造司设"样房"和"算房",负责设计图纸,制作"烫样"和估算工料。

明清两代,砖瓦和琉璃构件的生产,无论在数量上还是质量上都大大超过以往。宫殿建筑普遍采用琉璃瓦顶,重要殿宇使用金砖墁地,建筑装饰也极尽奢华。

平衡之美

阴阳调和的思想内涵

古建筑色彩与阴阳五行

我国古建筑装饰色彩的运用，与中华民族的民族心理有着密切关系，体现出阴阳五行的深刻内涵。

阴阳五行学说认为，阴阳是天地万物的规律，并通过金、木、水、火、土5种元素表现出来。季节的运行、方位的变化、色彩的分类，都与五行密切相关。

■ 北京故宫建筑群

■ 故宫保和殿黄色
琉璃瓦

大夫 古代官名。西周以后先秦诸侯国中，在国君之下有卿、大夫、士三级。大夫世袭，有封地。后世遂以大夫为一般任官职之称。秦汉以后，中央要职有御史大夫，备顾问者有谏议大夫、中大夫、光禄大夫等。清代高级文职官阶称大夫，武职则称将军。

在五行学说中，东方属木，用青色土；南方属火，用红色土；西方属金，用白色土；北方属水，用黑色土；中央属土，用黄色土。同时还提出以青绿色象征春季，以红色象征夏季，以白色象征秋季，以黑色象征冬季，以黄色象征中央。

就五行学说中5种颜色的"地位"的象征性而言，西周时规定以红、黄、青、白、黑为正色，天子宫堂为丹朱色，诸侯为黑色，大夫为绿色，士人为土黄色。

自西周以来，在官方建筑中，黄、红色是用得最多的。黄色就被看作是居中的正统颜色，也是最美的颜色。《易经》中也说："天玄而地黄。"土居中，因此黄色为中央正色。

黄色具有居中至美之性，自然也就成为表达皇权重威的色彩。历代宫殿建筑，因专为帝王所用，也以黄色为主要的装饰色彩。

黄色是帝王之色，庶民不能滥用，所以皇家宫殿采用黄色琉璃瓦屋顶，象征着至高无上的皇权，宫殿群外的围墙呈红色，象征着中央政权。至于一般市民住宅，只能使用灰色。比如清代规定，公侯以上地位的门屋为金色即黄色，以下则为绿色、黑色以至民居的灰色。

红色也是五色之一，古人认识红色很早，并把它作为美好的象征。也正因为如此，我国建筑装饰在色彩的选用上就显得较为谨慎。一般来说，在表示幸福和富贵之时多用红色，为祝愿平和时多用青色。

白色除了在江南的民居建筑中用作墙体的颜色外，一般也不常用。黑色在建筑中仅用以描绘轮廓，此外不多用。

我国古代宫殿建筑装饰色彩的运用，不是固定不变的，不同时期又有不同的表现形式。

唐代以前多以朱、白两色为主。敦煌唐代壁画中的房屋，木架部分一律用朱色，墙面一律白色，屋顶

琉璃瓦 据文献记载，琉璃一词产生于古印度语，随着佛教文化而东传，其原来的代表色实际上指蓝色。我国古代宝石中有一种琉璃属于七宝之一。现在除蓝色外，琉璃也包括红、黑、黄、绀蓝等色。施以各种颜色釉并在较高温度下烧成的上釉瓦因此被称为琉璃瓦。

■ 佛教寺院壁画

以灰、黑筒瓦为主，或配以黄绿琉璃瓦剪边，色彩明快。

宋代木架部分采用华丽彩画，而屋顶则用琉璃；发展至明代，除琉璃瓦外，还有白、黄、红、棕、绿、蓝、紫、黑等色的砖，七彩纷呈，光晶耀目。

宫殿建筑装饰色彩运用的总体趋势是越往后越繁艳。以北京故宫三大殿为例，太和殿殿内沥粉金漆木柱与精致的蟠龙藻井装饰，又是红墙黄瓦，显得富丽而雄浑；中和殿为黄琉璃瓦四角攒尖顶，正中设鎏金宝顶；保和殿也是黄琉璃筒瓦四角攒尖顶。凡此一切，都是在象征华贵、庄严、兴旺的皇家气象。

在我国传统建筑装饰中，色彩的运用在文人园林中同样也表现出不同的审美取向。文人园林建筑的清淡素雅、质朴平和的色彩追求则表现为"初发芙蓉，自然可爱"的美。

超凡脱俗、自然雅致，是文人园林的风格追求。无论是无锡寄畅园还是苏州拙政园、留园、西园、网师园，它们的建筑，从尺度较大的厅堂、楼阁到较小的亭台、门廊，都是白色的墙，灰黑色的瓦，赭

■ 苏州园林网师园

石色的门窗和立柱，没有大红大绿，也没有彩画。

文人园林周围的植物，讲究四季常绿，最爱用青竹，或连绵成片，或于庭前屋后散置数株，水边植垂柳，水中种莲荷，是一种平淡质朴的美。所以，与宫殿、皇家园林以黄和红为主要色调的装饰相反，白和黑则是文人园林建筑装饰的主色调。

我国古代园林建筑装饰所追求的最高审美境界，是无色之美、本色之美，也就是自然、朴素之美。

从有色达到无色，才是艺术的最高境界。因此，在文人园林中，无论是建筑小品，还是叠山垒石，都以原色、本色出现，黑色的屋顶和白色的墙壁组合在一起，对比效果鲜明强烈，显得黑色愈黑而白色愈白，而灰色的水磨砖往往作为门框、窗框、墙脚等介乎其中，这种黑白相半的中性色，和黑相比则"明"，和白相比则"暗"；其实，白就是极明的灰，黑就是极暗的灰。

在园林建筑中，光度最高的白、光度中等的灰和光度最低的黑，既有层次中比较，又有变化中的统一，构成一个非彩色的色阶序列。

■ 红色木桥

　　从总体上说，我国古代建筑装饰色彩的主要特点是具有较长时期的稳定性，并形成了一定的规则。

　　比如：房屋的主体部分，一般用"暖色"，尤其爱用朱红色，檐下阴影部分，用蓝绿相配的"冷色"，门窗用朱红色；宫殿、坛、庙等一些重要的纪念性建筑，多以黄色和红色为主色调，上覆黄、绿或蓝色的琉璃瓦，下面再衬托一层乃至三层的汉白玉台基和栏杆；民居、园林建筑则以黑、白二色为主调，等等。

　　总之，古代建筑装饰色彩的运用，是中华民族心理和审美特点的直接体现，体现出了清醒的理性精神和现实主题。

阅读链接

　　色彩作为构成建筑景观的重要因素，从古至今直接影响人们的视觉及精神感受。不同的色彩可以产生不同的心理感受，而色彩所引发的联想和感情，直接关系到环境气氛的创造。

　　同样的色彩在不同的建筑环境中也可以产生不同的心理感受。有序的建筑色彩搭配，不仅能带给人们一种赏心悦目、流连忘返的感觉，而且也使得城市更富有独具个性的魅力；否则，杂乱无章的建筑色彩带来的只能是色彩污染，长此以往，则会造成人们视觉上的疲劳，也会给城市的形象造成损害。

阴阳燮变

　　阴阳学说是古代哲学思想的基本理论。阴阳学说认为阴阳是事物本身具有的正反两种对立和转化的力量，可用以说明事物发展变化的规律。阴阳的哲学含义，就是代表矛盾对立的双方，古代军事指导上的许多问题，都可以用阴阳来划分。

　　阴阳在古代军事上所涉及的范围是十分广泛的。按照传统的说法，柔、暗、后、奇、虚为阴；刚、明、先、正、实为阳。此外，五行作为阴阳的外在表现形式，也在古代军事活动中得到了充分体现。

黄帝和风后首创八阵兵法

相传黄帝在位的时候，南方有一个九黎族的首领名叫蚩尤，十分强悍。传说他有81个兄弟，全是猛兽的身体，铜头铁额，吃的是沙石，凶猛无比。他们还制造刀戟弓弩各种各样的兵器，常常带领部落

黄帝领兵画像

的人侵掠别的部落，更是多次进犯中原。

黄帝遂顺民意，征召各路诸侯兵马讨伐蚩尤。

黄帝先派大将应龙出战。应龙能飞，能从口中喷水，他一上阵，就飞上天空，居高临下地向蚩尤阵中喷水。刹那间，大水汹涌，波涛直向蚩尤冲去。

■ 风后神像

蚩尤忙命风伯和雨师上阵。风伯刮起满天狂风，雨师把应龙喷的水收集起来，反过来狂风暴雨向黄帝阵中打去。应龙只会喷水，不会收水，结果，黄帝大败而归。

不久，黄帝重整军队，重振军威，再次与蚩尤对阵。黄帝一马当先，领兵冲入蚩尤阵中。蚩尤这次施展法术，喷烟吐雾，把黄帝和他的军队团团罩住。黄帝的军队辨不清方向，看不清敌人，被围困在烟雾中，杀不出重围。

在这危急关头，黄帝灵机一动，猛然抬头看到了天上的北斗星，斗柄转动而斗头始终不动，他便根据这个认定了一个方向，这才带领军队冲出了重围。

就这样，黄帝和蚩尤一来二去打了70多次仗，结果是胜少败多。为此，黄帝忧心忡忡，日夜盼望能有贤哲辅佐他，以灭蚩尤。

有一天晚上，黄帝做了一个梦，梦见一场罕见的

九黎族 是古代居住在南方的民族的总称。据说九黎族首领蚩尤统一南方后，取天盈之数，将其分治为九黎，并成为雄霸南方的军事蛮族，膨胀了统一天下的野心。由于在征服其他种族的时候，多威猛，少仁德，所以九黎在被黄帝蚩尤战败后纷纷离心，种族力日渐式微。

大风，把大地上的尘垢刮得荡然无存，只剩下一片清白的世界。

黄帝惊醒后，自我圆梦，心里暗叹：风，是号令而为主；垢，是土解化清，天下难道有姓风名后的人吗？于是，黄帝便四处访寻这个人。功夫不负有心人，黄帝终于在海隅这个地方找到了风后。

风后是八卦创建者伏羲氏的后裔，洞悉世间万物中的阴阳之道。伏羲氏后代曾经建立风国，后世以国为姓。

风后做了黄帝的第一任宰相，后人称他为"开辟首相"。风后受命于黄帝，整顿军事，设置营垒，命军队在山上把守关隘，在河边把守渡口，在陆地把守要冲，把军队治理得井井有条。

黄帝见时机成熟，就在冀州重新与蚩尤开战。结果初战失利，只好率兵退守至位于今河南密县刘寨乡的黄帝宫，在这里练兵讲武，打算训练一支超强的军队。

在黄帝宫，黄帝拜风后为师，并与风后研创了八阵兵法图。八阵图与阴阳五行、八卦相连，因此，精于此道的风后又著有《握奇经》兵书，用以解释和说明八阵兵法图。

《握奇经》以天地风云四阵为正，龙虎鸟蛇四阵为奇，四正四

平衡之美

阴阳调和的思想内涵

■ 蚩尤雕像

奇总为八阵。大将居阵中掌握机动兵力，即所谓"余奇"之兵，称为"握奇"。

《握奇经》指出："八阵，四为正，四为奇，余奇为握奇。"布阵用兵，要根据"天文气候向背、山川利害"和兵力多寡等情况，灵活运用。

布阵时，先由游军于阵前两端警戒；布阵毕，游军撤至阵后待命。作战时，四正与四奇之兵与敌交锋，游军从阵后出击配合八阵作战，大将居中指挥，并以"余奇"之兵策应重要作战方向。

黄帝得到八阵图和《握奇经》后，信心倍增。为了彻底打败蚩尤，黄帝决定跟蚩尤进行一次决战。黄帝按照八阵兵法图布好阵容，并特意召来女儿女魃助战。女魃是个旱神，专会收云息雨，平时住在遥远的昆仑山上。

两军对阵，黄帝下令擂起战鼓，那80面牛皮鼓和夔牛皮鼓一响，声音震天动地。黄帝的兵听到鼓声勇

女魃 亦作"女妭"，是我国古代神话中的神仙。传说，她在山中采集日、月之光，练就赶雨驱风之术，曾云游各地，驱赶暴风淫雨，拯救百姓。她从昆仑山上赶来帮助黄帝攻打风伯、雨师，也耗尽身上功力，再也飞不上天空，只好留在人间。传说她居住在北方，所以，北方经常缺雨少水。

气倍增，蚩尤的兵听见鼓声丧魂失魄。

这时，黄帝又令应龙喷水。应龙张开巨口，江河般的水流从上至下喷射而出，蚩尤没有防备，被冲了个人仰马翻。

蚩尤也急令风伯掀起狂风、雨师洒下暴雨，向黄帝阵中打去，只见地面上洪水暴涨，波浪滔天，情况很紧急。这时，女魃上阵了，她施起神法，刹那间从她身上放射出滚滚的热浪，她走到哪里，哪里就风停雨消，烈日当头。

风伯和雨师无计可施，慌忙败走了。黄帝率军追杀上去，蚩尤大败而逃。后来被黄帝捉住，这个屡犯中原的罪魁祸首被除掉了。

黄帝打败蚩尤后，诸侯都尊奉他为天子。他带领百姓，开垦农田，定居中原，奠定了华夏民族的根基。

黄帝与风后研创的八阵兵法图，后来在密（今新密市）云岩宫遗存中被人们发现，这是我国最早的军阵图，名为《风后八阵兵法图》。

云岩宫遗存中还发现了唐人独孤及的《风后八阵图记》碑，碑文详细记载了黄帝战蚩尤而不胜，退而与风后研创八阵图的事迹。

据碑文记载，《风后八阵兵法图》共分9幅，一幅为八阵正图，其他8幅为8个阵式，即天覆阵、地载

■ 黄帝战蚩尤纪念碑刻

阵、风扬阵、云垂阵、龙飞阵、虎翼阵、鸟翔阵和蛇

■ 古代陶俑兵阵

蟠阵。碑文还详细记载了八阵的推演方式：

> 凡推八阵，始于队伍。所以五人为伍，
> 十五人为队……八队为一阵，有四百四十
> 人；八阵为一部，有三千五百二十人，而
> 为小成，可变为两阵也；八部为一将，有
> 二万八千一百六十人，而为中成，八阵齐可
> 变也，终于六十四卦也；八将为一军，有
> 二十二万五千二百八十人，而为大成。

这些记载说明，黄帝得到了八阵图，就根据战争
的规律，制成了兵法和作战要旨，训兵练武，提高了
队伍的战斗力。

《风后八阵兵法图》是黄帝和风后的军事理论的
体现，对后世产生了深远影响。自风后八阵后，春秋

独孤及 唐朝散文
家，字至之，河
南洛阳人。他与
萧颖士齐名，为
古文运动先驱作
家。他以儒家经
典为学习方向，
宽畅博厚，长于
议论，用意在立
法诫世，襃贤贬
恶，不徒以词采
取胜。所作如
《仙掌铭》《古
函谷关铭》《琅
琊溪述》《风后
八阵图记》等，
颇有古风。

项羽（前232年—前202年），名籍，字羽。他是中国军事思想"勇战派"代表人物，与"谋战派"孙武、韩信等人齐名。项羽是楚国名将项燕之孙。他22岁起兵，27岁成为分封十八路诸侯的西楚霸王，30岁自刎乌江，是一位当之无愧的英雄豪杰。

之初的郑国使用的鱼丽阵，在军事史上更具有开拓之功。

公元前707年，周桓王率领蔡、卫、陈三国军队伐郑，郑庄公使用鱼丽阵，把周桓王亲率的三国联军打得落花流水，一败涂地。在战役中还射中周桓王肩膀，使周桓王落荒而逃。

通过这场决战，郑庄公使周桓王的威信彻底扫地。从此，周桓王失去了天下共主、号令诸侯的地位，郑庄公奠定了称霸中原的基础。

到了秦汉时代，项羽得了八阵兵法的奥妙，在率军作战中所向披靡，节节胜利，曾称霸于西楚；黥布在作战中运用了八阵兵法，曾称王九江；汉武帝运用黄帝八阵兵法，北方平定了匈奴，南方降伏了两广地区的瓯越，东方收服了秽貊，西方开拓了大夏，建树了赫赫战功，将汉朝推至全盛时期。

三国时期，诸葛亮又将黄帝、风后八阵兵法推向新的高度，在战争实践中，使八阵图有了新的发展，曾为三分天下立下盖世之功。

诸葛亮功绩卓绝。唐代著名诗人刘禹锡在《观八

瓯越 亦称"东瓯"，是我国古代的一个族称，原是我国古代东南沿海原始民族越族的分支，是"百越"的重要组成部分。瓯越居住的地域包括今浙南的温州、台州、丽水等地。虽然经历了几千年的历史变迁，但自然环境和区域组合仍承传下来而成为地域的历史特征。

阵图》诗中指出：诸葛亮的八阵图是根据黄帝和风后的八阵兵法而创造的，是"上略"和"神机"的结晶，他写道：

> 轩皇传上略，蜀相运神机。

意思是说，黄帝杰出的谋略和诸葛亮高妙的智慧相结合，使诸葛亮在军事上取得名垂青史的辉煌成就。

宋仁宗庆历年间的1043年，枢密使曾公亮专程到黄帝宫考察《风后八阵图记》碑。他在黄帝宫留宿七日，深读细研碑文，将此文收录于他主编的北宋王朝军事巨著《武经总要》。

由此可见，《风后八阵兵法图》堪称我国军事史上的奇迹。它不仅为黄帝在中原的活动提供了有力证据，而且对研究我国古代兵法有着重大的意义。

阅读链接

黄帝宫又名云岩宫，位于郑州西南35千米处，今新密市东南刘寨乡境内。曾是轩辕黄帝建宫筑殿、练兵讲武、研创八阵图的地方，至今还有养马庄、仓五村、拜将台、宫殿、轩辕门、讲武门等古建筑遗迹。

黄帝宫位于武定湖北岸，依山傍水，环境幽雅。人祖轩辕洞内，黄帝与风后的塑像神态悠然，栩栩如生，似在谈古论今，议安天下。

讲武场、祖师殿、议事亭和嫘祖草堂，似一颗颗明珠，镶嵌在大殿四周，使整个殿宇错落有致，层次格外分明。武定湖南岸有三座鼎足而立的城堡，城堡内数百个兵马俑组成的天覆阵、地载阵、风扬阵、云垂阵、龙飞阵、虎翼阵、鸟翔阵、蛇蟠阵，再现了当年黄帝与风后布兵研创八阵的壮观场面。

兵阴阳家与阴阳五行学说

传说，黄帝大战蚩尤之时，蚩尤呼风唤雨，制造迷雾，使得黄帝的部队迷失方向。

有一天晚上，黄帝的出生地轩辕丘方向突然传来惊天动地的声音，同时闪耀着非常强烈的光芒，惊醒了黄帝及众人。黄帝让大家赶紧起床，带着众人跑过去查看。

原来，轩辕丘上空有一支彩虹自天缓缓下降，从彩虹中走出一位全身大放光明的仙

■ 董仲舒 （前179年—前104年），西汉思想家，儒学家，西汉时期著名的唯心主义哲学家和今文经学大师。汉景帝时任博士，讲授《公羊春秋》。他把儒家的伦理思想概括为"三纲五常"，汉武帝采纳了董仲舒的建议，从此儒学开始成为官方哲学。

女。仙女手上捧一个长九寸阔八寸的玉匣，递到了黄帝面前。

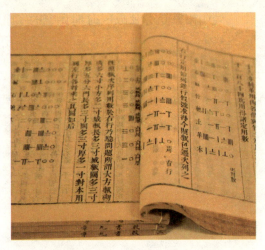

黄帝惊奇万分，他接过玉匣打开一看，发现里面有一本天篆文册龙甲神章。其中除了记载兵器的打造方法之外，还记载了很多行军打仗调兵遣将的兵法。

于是，黄帝要他的宰相风后按照龙甲神章演绎成兵法13章，孤虚法12章，奇门遁甲1080局。

其中奇门遁甲的预测方法是：首先根据客观事物的不同属性，将客观事物进行分类，并用阴阳符号代表；然后，用这些"符号"与"符号"之间的关系来代换其所代表的具体事物之间的关系；最后，运用五行生克规律进行推导，并把"符号"之间的推导结论还原为具体事物发展的结论。

黄帝运用奇门遁甲的方法，在决战蚩尤时发挥了重要作用，最后战胜了蚩尤。

传说归传说，奇门遁甲以"符号"代换其所代表的具体事物，其中有极大的假设成分，因此未必科学。但是，奇门遁甲作为我国古老的一种军事数术，在浓烈的神秘主义支配下，使得远古军事活动具有高度的数术战争的特点。

到了春秋战国时期，由于军事数术的大发展，在流行的阴阳五行学说影响和改造下，兵阴阳家逐渐产

孤虚 我国古代方术用语。即计日时，以十天干顺次与十二地支相配为一旬，所余两地支称"孤"，与"孤"相对者为"虚"。古时常用推算吉凶祸福及事成败。孤虚十二章是征战杀伐的兵家秘书。据传，风水师鼻祖九天玄女曾说："此法背孤击虚，一女可敌十夫，取击对冲之方是也，万无一失。"

生。兵阴阳家是春秋战国时期兵家的一个学派，他们将阴阳五行学说融于数术之中，探讨用兵如何综合运用阴阳五行与天文、地理等，以求达到用兵如神的奇效。

到了汉代，由于阴阳五行学说在王朝的提倡尊奉下逐渐流行，特别是董仲舒将其与儒家思想紧密结合，鼓吹"天人感应"和阴阳灾异理论的新儒学体系得以建立，使战国以来数术的阴阳五行化也因此大受推动。东汉史学家、文学家班固在《汉书·艺文志》中概括兵阴阳家的特点是：

> 阴阳者，顺时而发，推刑德，随斗击，因五胜，假鬼神以为助者也。

"顺时、刑德、斗击、五胜"云云，表明兵阴阳家实际上是在阴阳五行框架支配下的多种数术形式在军事理论和实践中的运用或延

■古代占卜龟甲

伸；而"假鬼神以为助"，则意味着一切借助鬼神的方术巫法在军事上的应用，也都可以归入兵阴阳的范围。

汉代是兵阴阳家发展史上最重要的时期。两汉时期较重要的军事数术形式有：卜筮、天文云气占、式占、风角、象占、择吉、图谶、祭禳祝咒、厌胜等，并被广泛用于军事实战。

卜筮，是我国古代最古老、最重要的占卜术。汉代各种新方术和兵阴阳家大兴，但卜筮仍然是基本的战争数术之一。据史载汉武帝击匈奴，攘大宛，收百越，每次必以卜筮预见。这并非汉武帝一朝的特殊现象，而是两汉之通状。

天文云气占，是古老的军事占候之术。战国秦汉时期各种天象、云气的记录和分类，不仅涉及日月、五大行星、北斗和众多恒星及气象现象，占断也极为广泛繁杂，且绝大多数与军事有关。

式占的起源也很早，《周礼》中就有"大师，太师抱天时以从"的记载。"天时"即式盘。至西汉时式法的广泛流行，稍后分化为太一、六壬、雷公等式，直到宋代仍在流行，是阴阳数术操作的基本形式之一。而在此基础上生出的奇门遁甲术，一向被兵阴阳家视为看家本领。

■ 班固画像

式盘 是我国古代推算历数或用于式占的工具。式占大体分为遁甲、太乙、六壬三式。如六壬式盘分天地盘，盘形天圆地方，在圆盘中绘有十干、十二支、十二月等记号，在方盘中绘有八卦、十干、十二支等记号。在实际的占卜中，将圆盘重合在方盘上，转动圆盘来进行占卜。

■ 古代象占法器

平衡之美

阴阳调和的思想内涵

风角源于商代候风术，其演变为系统的风角预测术并用于军事，不迟于春秋而活跃于汉，名家辈出，著录颇多，充分表明了其军事上的重要地位。风角和奇门遁甲一样，也被后世的数术家看重。

象占，是根据自然界的种种奇异罕见现象推断人事。战国以前，象占之事已多，但汉代有质的飞跃。建立在"天人感应"基础上的灾异学说自西汉中期盛行起来后，形成了我国两千多年讲究灾异的传统。从此，几乎一切少见的自然现象如日月食、水旱、地震、蝗灾、动植物异常乃至于特殊的人类生理、病理现象和民俗、谣谚等，都在阴阳五行的框架下被赋予了特殊意义。灾异说导致象占在政治、军事活动中更加流行，《汉书·五行志》搜集事例甚多。

择吉，几乎关乎所有数术的功能。汉高祖刘邦"择良日，斋戒，设坛场"拜韩信为大将，就是一个典型的史证。此后，汉代凡有兵事活动必择吉而动。

图谶，作为一种数术形式，它虽与兵阴阳学说不是一回事，但这种本以预测政治变动为主要功能的图籍，常有兵阴阳文字侧身其间，而且事实上汉代人确实每每运用谶书决断军事。如预言书《赤伏符》中指名道姓刘秀称帝，于是刘秀在鄗城登上帝位，为汉光武帝。

祭禳祝咒，在先秦时期已经极为发达，汉代则确立了专门的军神祭祷。作为统一的帝国，汉王朝有意识地将各地方士巫师集中于长安，形形色色的地方数术融会交流，并被运用于国之大事中。

厌胜，是用巫术手段，祛祸趋福或致祸于人的数术形式。汉代政争中巫蛊厌胜风气之烈，人所熟知，而其时在军事上同样注重厌胜，命将取名、占候不利和战争激烈之时，每每用及。

由此可见，汉代兵阴阳家在战国的基础上，继续保持着急剧发展的势头，达到了繁盛的高峰。从战国开始的军事数术的阴阳五行化过程，到汉代已经完成，从而确立了后世我国兵阴阳家的基本格局。

汉代兵阴阳家的显著发展还体现在他们被广泛运用于实战。有两个例子可以证明军事数术对当时军事行动胜负的影响：

一是汉武帝时，贰师将军李广利进攻匈奴时，先是大臣以象占匈奴不祥可击，复经方士及太卜官的龟卜蓍占，结果全部为吉。虽说对匈作战是汉武帝既定的国

贰师将军 一种杂号将军，是我国古代武职官衔的一种统称，始于汉代，盛行于南北朝，唐以后逐渐衰微。汉武帝曾经命李广利到大宛国的贰师城即现在的吉尔吉斯坦的奥什城取良马，所以委任李广利为贰师将军。

■ 古代祝咒模板

巫师 古代专指以装神弄鬼替人祈祷为职业的人。我国古代施术者女称巫，男称觋。其在一个社会中有很多的功用：他们可以用魔法保护他人，以免受到自然灾害、外来者和敌人的伤害。也负责改正错误，衡量对错，操控大自然和解释恐怖的现象等。

■ 古代法师服饰

策，但由于数术使之草率决定发动了本次战争，以至于最后失利，李广利投降匈奴。

二是汉宣帝时，赵充国率军征羌，取屯田待机之策。汉宣帝屡次催促发兵进击，诏书中特别指出："今五星出东方，中国大利，蛮夷大败。"后再次下诏，后因赵充国反复陈辞，意见经激烈争论为汉廷采纳，终以屯田缓进之策取得胜利。显而易见，一般情况下将领必须执行命令，如果这样，汉军此次作战的结果就很难说了。

数术在汉代有时还成为预警手段。预先防范是军事决策的关键之一，其与战争的成败自然密切相关。

当然，这种预警自非科学决策，有些军将对这种预警作用痴迷至深，反为所误，这样的将领，只能有败亡一途。而有些高明的将领，充分利用敌之迷信，出奇制胜。如东汉军事家、外交家班超攻于阗，"其俗信巫"，班超出其不意除掉于阗首席大巫师，于阗军民震动丧胆，立即开城投降。

由于汉代对数术的迷信，某些罕见自然现象的发生，以及将领"神道设教"、假手天意，也对士气和战争结局产生了一定作用。

汉代兵阴阳家的发展，标志着我国军事数术史进入了新阶段。但值得注意的是，兵阴阳家从产生的那一天起，就伴随着与其他各派思想意识上的斗争，这种情况与兵阴阳家的历史相始终。

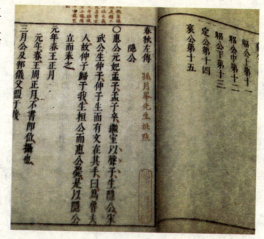

■ 《左传》古籍

早在春秋战国时期，百家争鸣，就出现了我国历史上第一次批判军事数术的高潮。详述春秋政治和军事历史的《左传》一书，展现了郑子产等人在"天道远，人道迩"的观念下反对数术迷信的不凡之举，也记录了不少军事人物菲薄数术却取得胜利的战例。

这一时期的思想家的有关批判尖锐而深刻，确立了我国古代反对军事迷信的思想传统，也奠定了后世反军事数术理论的基础。

秦汉至隋唐时期，虽然兵阴阳家理论和实践在汉代进一步发展，但在汉末魏晋南北朝的基础上，唐代形成了第二次批判军事数术和兵阴阳家的高潮，涌现出一批杰出的思想家、军事家及其著作。

唐代《李卫公问对》是我国中古时期兵书和反兵阴阳的代表作。全书屡屡论及"天官时日，明将不法，谙者拘之"，反对为将者信从数术。

宋代以来，主流兵学对数术的批判更为深入和广泛。宋仁宗颁布武举不得研习兵阴阳的诏令，到元丰年间，宋神宗命武学教授何去非校订《孙子兵法》《吴子兵法》《尉缭子》《李卫公问对》等7书，何

《李卫公问对》

又称《唐太宗李卫公问对》《李靖问对》，或简称《唐李问对》《问对》，唐代著名军事家李靖撰，是唐太宗李世民与李靖讨论军事问题的言论辑录。有人怀疑此书是北宋人的伪作，因为在史书《旧唐书》和《新唐书》中没有记载。此书多半为后人托名之作。

兵家谋略

阴阳擘变

去非等人除调整篇目、简易文字外，大量删去了原有的数术内容，编成《武经七书》。此书后来一直是历代武举考试内容，其兵学主流的地位至此最终奠定。

宋代以后，兵阴阳家对军事的影响仍然存在。到明清时期，数术仍是战争工具和手段，兵阴阳家著作和文字也还有出现，其流风余韵甚至到民国犹在。

自19世纪后期西方军事思想、作战方法和新式武器及军制一起被引入我国后，军事数术和兵阴阳家不可避免地退出了历史舞台。

兵阴阳家之所以能够长时间存在，源于其有些方法并非什么神乎其神的怪术，而是趋吉避凶之术。

在兵阴阳家的发展历史上，春秋时期的孙武、孙膑，西汉时期的张良、范增、李广利，三国时期的诸葛亮、司马懿等等耳熟能详的名将军师，都属于兵阴阳家。

平衡之美

阴阳调和的思想内涵

■ 古代战争场面

■ 古代战争场面

　　当然，兵阴阳家在军事理论和实践中的有些做法确实是存在妄论妄行之举的，但这是由于当时自身知识背景、政治立场的约束等历史局限造成的。

　　总的来说，兵阴阳家是阴阳五行化的军事数术，注意天候、地理与战争胜负关系的研究。他们的这种实践，丰富了我国古代的阴阳五行学说，也促进了该学说的发展，因此具有一定的进步意义。

阅读链接

　　西汉末年王莽当政的时候，汉室后人暗中不服，常有人造反。当时有一个名叫刘歆的汉室宗亲，听说太学生彊华进献一本预言书《赤伏符》，为了纯正汉室血统，反对王莽，就立即做出了反应，马上把书中"刘仲"的名字改成了"刘秀"。

　　此时的刘秀只是更始帝刘玄帐下的一员战将。在沸沸扬扬的社会舆论中，天下百姓都已经深深地记住了"刘秀"这个名字，原来只有刘秀才是真命天子。若干年后，刘秀称帝，建立东汉，即光武帝。从此事中可见谶纬数术在汉代的影响。

《孙子兵法》与兵阴阳思想

孙武画像

我国传统兵学自古就有兵阴阳术一脉。《汉书》将汉代以前的兵书分为权谋、形势、阴阳、技巧4种，奠定了后世兵学分类的基础。

在传承至今的古代兵学著作中，春秋战国时期军事家孙武所著《孙子兵法》为最古，同时，此书也是当时兵学的集大成之作。

孙武出生在一个祖辈都精通军事的世袭贵族家庭里，从小喜欢看兵书。加上受齐国尚武精神的影响，长大后训练"射"和"御"的武技，这两项武技既是战场拼杀的基本技能，也是齐国社会竞技活动的主要项目。

在学习武技期间，孙武立志像他的祖父孙书、叔父田穰苴一样，成为一名驰骋疆场的大将军。他的老师感觉这孩子有不同常人的天赋，将来必成大器，于是教育孙武也就更加用心了。

公元前515年，30岁的孙武来到吴国，隐于穹窿中，著成一部兵法。不久，孙武带着这部兵法，在吴国大夫伍子胥的引荐下，觐见吴王阖闾。

吴王读了孙武的兵法，又与孙武进行了深入讨论，认为孙武是难得的人才，就拜他为元帅兼军师，执掌吴之军事。在此期间，孙武对其兵法下进行了修订。

吴王阖闾去世后，孙武见其子夫差继位后不纳臣谏，且日益专横，遂以探亲为由，回到齐国与家人团聚，并于公元前503年编著成《孙子兵法》。

孙武被后人尊称为"孙子""孙武子""兵圣""百世兵家之师""东方兵学的鼻祖"。其所著《孙子兵法》，是我国古代最有影响的兵书。

从《孙子兵法》产生的背景来看，孙武之所以能写出这部最有影响的兵学著作，其因素是多方面的，

■ 吴王阖闾画像

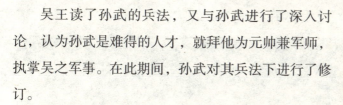

尚武精神 国家动力的源泉之一。文和武，正如一阴一阳之道。文武结合，方为完人。国家之强盛，也需要文武结合，正所谓文武之道，一张一弛。春秋战国时期，齐国的尚武精神在当时产生了巨大影响，催生了孙武这样的大军事家。而"齐文化"本身就是中华文化的重要组成部分。

齐文化 有两种理解，一是齐地文化，二是齐国文化，齐国文化是齐地文化的一个特定历史时期的文化，通常所说的齐文化是指齐国文化。所谓齐文化，也就是齐人创造的、存在于特定历史时空的物质文化、规范文化和精神文化的总和。

择其要者，应有以下几点：

我国自远古以来，特别是春秋时期频繁、激烈、多样的战争是《孙子兵法》产生的源泉；

此前已有的兵学理论成果，如西周时期的《军政》《军志》，春秋战国时期的《司马法》等，它们是《孙子兵法》跃上兵学巅峰的阶石；

春秋时期的社会思潮，特别是关于"道""仁""阴阳""保民"等的理论，是《孙子兵法》形成的文化因素；

孙武是齐国人，崇武尚智的齐文化，是培育《孙子兵法》这朵军事理论奇葩的沃土，而孙武个人的天赋与努力，则是《孙子兵法》产生的主观因素。

另外，汉族在先秦时期就已经形成的统体思维、辩证思维、象类思维等思维方式，对《孙子兵法》理论体系的构筑起了指导性作用。

■ 复原的春秋时期城墙

■ 《孙子兵法》陶简

上述这些，是《孙子兵法》之所以产生于春秋而不产生于其他时期的主要原因。

孙武写作《孙子兵法》时，当时的阴阳五行之说已经十分盛行。由于受当时这种思想潮流的影响，这部兵书中不可避免地包含有很多兵阴阳思想的影子。

事实上，作为兵家重要派别的兵阴阳术，在历代兵法中都占有重要的地位，即使是兵权谋一派，也是以奇用兵，以"阴阳"为技巧。可见古代的权谋家也离不开阴阳之术。

从内容来看，《孙子兵法》并非专讲兵阴阳的著作，兵阴阳思想只是散落在字里行间的零星碎片。但这种在兵书行文中自然出现兵阴阳术语的表达方式，恰恰说明当时的阴阳五行思想已经是人们普遍认知的常识，只是未占据主流地位而已。

奇门遁甲 奇门就是指八门，遁甲就是甲这个天干在奇门局里隐藏不见。《奇门遁甲》是汉民族的经典著作，也是奇门、六壬、太乙三大秘宝中的第一大秘术，为三式之首最有理法，被称为《易经》最高层次的预测学，号称帝王之学，其本质是一门高等的天文物理学，揭示了太阳系八大行星和地球磁场的作用情况。

总体来说，《孙子兵法》中出现的与兵阴阳有关的术语有"阴阳""五行""九地""九天"等，此外还有部分内容涉及奇门遁甲及星学观星术。

《孙子兵法·始计》开篇提出了用兵必需的五事，即道、天、地、将、法。孙子对"天"的解释是：

天者，阴阳、寒暑、时制也。

意思是说，天时，就是指昼夜、晴雨、寒冷、炎热、季节气候的变化规律。

《孙子兵法》这里说的"阴阳"的概念源于《易经》，是《易经》的核心思想。而作为"群经之首"，《易经》一直是古人必修的知识，阴阳之理早已深入人心。

《孙子兵法》中的其他篇章也有与《易经》有关的内容，如《九地》篇中说："刚柔皆得，地之理也。"意思是要使强者和弱者都能

古代战争画面

发挥作用，在于适当地利用地形，使我军处于有利的态势。这是对《易经》所谓"立地之道，曰刚与柔"思想的吸收，因此具有易理上的"阴阳"含义。

"天时"的概念，在《孙子兵法》中指的是气候和天气情况，如在《火攻》篇所说的"时者，天之燥也"，就是指干燥的天气。

"日"的概念，在《孙子兵法》中指的是日期，与天文星相有关，如在《火攻》篇所说的"日者，月在箕、壁、翼、轸也"。指的是具体的星宿运行到某个方位的日期。而这些星宿运行到的方位也与气候、天气等有关。

春秋时期武士

"干支"概念是《孙子兵法》中蕴涵的重要内容。"干"指甲乙丙丁戊己庚辛壬癸十天干，"支"指子丑寅卯辰巳午未申酉戌亥十二地支。十天干和十二地支组合为60个单位，成为"六十甲子"。这种纪日方法在殷商时期的甲骨文中就已出现。

黄帝是"五帝"之首，《孙子兵法·行军》篇中讲到的黄帝胜四帝的典故，把四帝与具体的颜色和方位都联系到了一起，就涉及干支知识。

《孙子兵法·军争》篇中也说"视不相见，故为旌旗"，旌旗就是古代指挥作战的旗帜，使用方法是一赤在南方，二玄在北方，三青在东方，四白在西方，五黄在中央，方位和颜色之间有着固定的联系。

甲骨文 我国古代文字，是我国已知最早的成体系的文字形式，又称"契文""甲骨卜辞"或"龟甲兽骨文"。甲骨文记录和反映了殷商时期的政治和经济情况。殷商灭亡、周王朝兴起之后，甲骨文还延绵使用了一段时期，它上承原始刻绘符号，下启青铜铭文，是汉字发展的关键形态，被称为"最早的汉字"。

■ 墨子画像

此外，墨家创始人墨子不仅把黄帝以外的四帝和具体的颜色、方位联系在一起，还出现了五行阴阳属性明确的天干，即甲、丙、庚、壬四阳干，乙、丁、辛、癸四阴干，再加上黄帝所处中央的戊己两干，正好是十天干。《墨子》里的记录，就是对《孙子兵法》的有力补充和佐证。

这些充分证实，在孙子所处的春秋战国时期，天干和五行结合到一起的阴阳思想，已成为当时思想家们的共识。因此，用阴阳思想来解释《孙子兵法》中的"天"更符合历史事实。

孤虚是古人在用干支纪日的过程中总结发展出来的，《汉书·艺文志》考察汉代以前的兵学，列有关于"风后孤虚"的记载，说明黄帝时期的风后已经在兵战中运用孤虚法。

孤虚主要与十二地支有关。孤虚方位则按照以下的方法寻找：岁次前一年为岁孤，如子年亥孤；月建前一位为日孤，如寅月丑孤；日孤理同上两者。六甲时辰中旬空的两地支为孤，称为旬孤，与孤相对的方位为虚。

孤虚运用的基本原则，按照风水师鼻祖九天玄女的说法是"背孤击虚"，即背朝孤的方向，进攻虚的方位。后人在奇门遁甲中继承发展了这一理论，又进一步规定万人之上用年孤，千人之上用月孤，五百人以上用旬孤，百人之上用日孤，十人以上用时孤，使之更加细化。《孙子兵法·虚实》还讲到了"五行"的概念，它指出：

五行无常胜，四时无常位。

意思是说，五行相生相克，没有哪一种是经常固定起制约作用的；四季依次交替，没有哪一季常驻一年的。

"五行"的概念来源于《尚书·洪范》："一曰水，二曰火，三曰木，四曰金，五曰土。"该书还揭示了五行之间相生相克的克制关系。因为这种克制关系是循环往复的，所以《孙子兵法》说"五行无常胜"。这种思想可以说是较好地反映了世间万物的存在规律，是一种朴素的唯物辩证思想。

后世兵阴阳家在发展五行学说的理论时，也遵循五行生克原则，并在阴阳术数之中又引入了旺相休囚废等概念，使得每一个元素都随

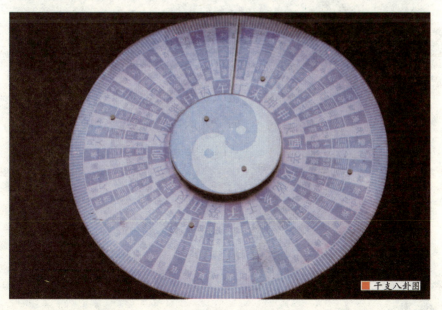

干支八卦图

着时间的推移处在由生到盛、由胜至衰、由衰而生这种循环往复的动态变化之中，这是符合事物存在的客观规律的。

对于"九地""九天"，《孙子兵法·兵形》中说：

> 善守者藏于九地之下，善攻者动于九天之上，故能自保而全胜也。

意思是说，善于防守的人，能充分利用各种有利地形，达到隐匿军形深不可测的程度；善于进攻的人，能适应天候的变化而行动，做到迅雷不及掩耳，使敌防不胜防，既能保存自己，又能获得全胜。

古往今来大多数兵家认为，"九"表示数的极点，"九天""九地"比喻隐藏得深不可知、高不可及的事物。唐代兵阴阳家李筌就曾经从奇门遁甲的角度来注解《孙子兵法》的"九天""九地"。在李筌看来，奇门遁甲是用于战争的。

后世兵家在运用奇门遁甲指导行军打仗时，参考"九天""九地"两个神的方位来排兵布阵，有一定的依据，也可能确实有指导意义。

当然，以现有的史料很难判断

■ 孙子塑像

《孙子兵法》中的"九地""九天"与后世奇门遁甲里的"九地""九天"是同一概念。《孙子兵法》中"九天"的概念出现得很少，而"九地"出现得则比较多，解释得也较为详尽。如《孙子兵法·九地》，开头就列举了"散地""轻地""争地""交地""重地""衢地""圯地""围地""死地"9种地形，并指出对这9种地形"不可不察"。

由此可见，孙武的"九地"有其具体所指，与奇门遁甲直符、腾蛇、太阴、六合、勾陈、朱雀、九地、九天这"八神"中的"九地"没有必然的联系。

■《孙子兵法》竹简

此外，奇门遁甲的"主客论"，是奇门应用成败的关键，也与《孙子兵法》一脉相承。如《孙子兵法·行军》有"如果敌军渡河前来进攻，不要在江河中迎击"的论述，《孙子兵法·九地》也有"凡是越境进攻作战，越是深入到敌方的重地，就越是能使军心稳固，使士气振奋，牢牢立于不败之地"的论述。二者的原文所说的"客"指的是先动、发起进攻的一方，"主"指的是后动、防守的一方。

奇门遁甲中"主客论"的占验也以动者为客、静者为主，先动者为客、后动者为主，主动出击为客、消极防守为主，天盘随时辰运动为客、地盘在固定局中不动为主。这也从一个侧面佐证了奇门遁甲在古

地盘 旧时术数家的地盘中画有地下十二辰方位，如六壬中有地盘。六壬又称六壬神课，是用阴阳五行占卜吉凶的一种古老的术数门类，与奇门遁甲、太乙神数合称三式。六壬学比起其他占卜术是较为合理和合法的，其推演法类似易学。

代确实是为兵家服务的，在发展过程中也确实是吸收借鉴了《孙子兵法》中的一些思想。

《孙子兵法》中也有星学内容。上古时代，古人就已经开始用天象来指导各种实践活动，如《易经》里就有"观乎天文，以察时变"的话。到了春秋战国，观星术已经非常发达，星学等天文知识已经与政治紧密联系到了一起，运用到了政事的预测之中。

《孙子兵法·火攻》有关星学的内容是这样的：

> 发火有时，起火有日。时者，天之燥也；日者，月在箕、壁、翼、轸也。凡此四宿者，风起之日也。

意思是说，放火要看天时，起火要看日子。天时，是指季候的干燥；日子，是指月亮行经"箕""壁""翼""轸"四星宿位置的时候。月亮经过四星宿的日子，就是起风的日子。

在这里，孙武这么明确地指出风与星宿之间的关系，说明在当时，天文学知识已经十分发达，并被兵家运用到了行军作战之中。

《孙子兵法》中所述的箕星是苍龙七宿的末一宿，壁星是玄武七宿的末一宿，翼星是朱雀七宿的第六宿，轸星是朱雀七宿的末一宿。这也就是说，《孙子兵法》只是客观地运用天文星相来指导行军打仗，丝毫没有后世对星学的迷信认识。后来星学与阴阳五行结合到了一起，才给原本朴素的古代科学增添了神秘色彩，星学的内涵也产生了巨大的改变。

春秋战国时期，百家争鸣，思想空前活跃，各种知识都得到空前的发展。《孙子兵法》作为当时兵家思想的代表和集大成者，不可避免地糅合吸纳了《易经》、阴阳、五行、干支、阴阳术、星学等各派的观点，这是对该书思想的延伸和发展。

客观来说，这些古代兵家术数含有大量的迷信成

星相 是星相学的简称，或称占星术。星相是星相学家观测天体，日月星辰的位置及其各种变化后，做出解释，来预测人世间的各种事物的一种方术。星相学认为，天体，尤其是行星和星座，都以某种因果性或非偶然性的方式预示人间万物的变化。

■ 古代弓弩手

分和迷惑士兵的因素，但这些数术包含的古代朴素的天文、地理、气象等知识，在古代行军打仗中却有相当大的实用价值。

《孙子兵法》是我国古代流传下来的最早、最完整、最著名的军事著作，在我国军事史上占有举足轻重的地位，其军事思想对我国历代军事家、政治家、思想家产生了非常深远的影响，并在世界各地广为流传，享有"兵学圣典"的美誉。

总之，《孙子兵法》作为华夏文明乃至世界文明中璀璨的瑰宝，不仅探讨了与战争有关的一系列矛盾的对立和转化，如敌我、主客、众寡、强弱、攻守、胜败、利害等，更是华夏智慧与朴素辩证会思想的象征。它代表着炎黄子孙的智慧、思想、文化，是几千年华夏文明的结晶，是中华文明的智慧根基和源泉。

平衡之美
阴阳调和的思想内涵

阅读链接

孙武以兵法进见吴王阖闾。吴王派出宫女180人，让孙武小试指挥。孙武把她们分为两队，用吴王宠爱的妃子二人为两队的队长，并令所有的人都拿着戟。宣布纪律以后，就击鼓发令向右，妇女们嘻嘻哈哈地大笑起来。孙武三令五申，击鼓发令左，妇女们又大笑。孙武说："规定不明确，约令不熟悉，那是将帅的罪过，既然已经再三说明了，仍然不执行命令，那就是下级士官的罪过了。"于是下令斩左右队长。

吴王从台上看见要杀自己宠爱的妃子，大为惊骇，急忙说情，但孙武并不受君命，果断地杀了两个队长示众，然后重新击鼓发令，妇人们这一次都合乎规定和要求，没有敢出声的。孙武对吴王说："这样的军队，大王要想使用，她们可赴汤蹈火。"吴王从此了解孙武会用兵，便任用他为将。后来，孙武为吴王训练了一支战斗力极强的军队，使吴王称霸诸侯，成为"春秋五霸"之一。

《三十六计》中的阴阳思想

在我国古代兵学著作中，最能体现阴阳思维结构的军事思想，要数著名的《三十六计》。《三十六计》是根据我国古代卓越的军事思想和丰富的斗争经验总结而成的兵书，是中华民族悠久文化遗产之一。

《三十六计》或称"三十六策"，成书于明清。"三十六计"一语，先于著书之年，语源可考自南朝宋名将檀道济，据《南齐书·王敬则传》："檀公三十六策，走为上计，汝父子唯应走耳。"意为败局已定，无可挽回，唯有退却，方是上策。

此语为后人沿用，及明末清初，

《三十六计》竹简

唐太宗（598年—649年），李世民唐朝第二位皇帝，名字取意"济世安民"，陇西成纪人，庙号太宗。李世民早年随父李渊征战天下，为大唐开国立下汗马功劳。"玄武门政变"夺权称帝后，积极听取群臣意见，努力学习文治天下，成功转型为杰出的政治家与一代明君，开创了我国历史上著名的"贞观之治"，为后来全盛时期的开元盛世奠定了重要基础。

引用此语的人更多。于是有心人采集群书，编撰成《三十六计》。但此书为何时何人所撰已难确考。

《三十六计》原书按计名排列共分6套，即胜战计、敌战计、攻战计、混战计、并战计、败战计。前3套是处于优势所用之计，后3套是处于劣势所用之计。每套各包含六计，总共36计。

其中每计名称后的解说，均系依据《周易》中的阴阳变化之理及古代兵家刚柔、奇正、攻防、彼己、虚实、主客等对立关系相互转化的思想推演而成，含有朴素的军事辩证法的因素。解说后的按语，多引证宋代以前的战例和孙武、吴起、尉缭子等兵家的精辟语句。全书还有总说和跋。

由于《三十六计》注重探讨兵法与哲理的辩证关

系，因此有丰富的军事辩证法思想。书中对数术、阴阳、常变、共分、损益、刚柔、动静、擒纵、主客、痴癫、死生等范畴作了较为深入的探讨，尤其是对数术相有、阴阳燮变、物极则反等原理有较为深刻的认识，用以论述兵法谋略，可以给人以多方面的启示。

《三十六计》中的计策大体可分为两类：其中一类计谋就是直接运用"阴阳"概念，将"阴阳不测"的矛盾关系展现出来。另一类计谋则解以卦象，直接运用"卦理"来说明谋略中的奥秘。前一类计谋的代表是"瞒天过海"和"围魏救赵"，后一类计谋的代表是"釜底抽薪"。

"瞒天过海"之计，原计出自唐太宗年间。唐太宗御驾东征，大军到达海边后，唐太宗见沧海茫茫，

■《三十六计》之空城计

空城计

南朝 南北朝时期南方政权。自420年东晋王朝灭亡之后，在南方先后出现了宋、齐、梁、陈4个朝代，而它们存在的时间都相对较短，是我国历史上朝代更迭较快的一段时间。此时，我国正处于南北分治的时期，在我国历史上南朝与北魏、东魏、西魏、北齐、北周并称南北朝。

横无涯际，心生畏惧。这时，大将薛仁贵见状，将唐太宗请进营帐中欣赏歌舞，以此分散唐太宗的注意力，自己则瞒着唐太宗指挥大军渡海并取得成功。

"瞒天过海"之计的原典说：

备周则意怠；常见则不疑。阴在阳之内，不在阳之对。阳，太阴。

意思是说，防备得周全时，更容易麻痹大意；习以为常的事，也常会失去警戒。秘密常潜藏在公开的事物里，并非存在于公开暴露的事物之外。公开暴露的事物发展到极端，就形成了最隐秘的潜藏状态。

589年，隋王朝准备大举攻打南朝陈国，扫平江南，一统天下。

在战前，隋将贺若弼奉命统领江防，为了迷惑陈

■ 唐代战袍仪卫图

■ 古代将士涉水奔袭

国，就经常组织沿江守备部队调防。每次调防都命令部队于历阳即今安徽和县一带集中。还特令三军集中时，必须大列旗帜，遍支警帐，张扬声势。

贺若弼数次调防，陈国难辨虚实，起初以为大军将至，尽发国中士卒兵马，准备迎敌面战。可是不久，又发现是隋军守备人马调防，并非出击，陈便撤回集结的迎战部队。

如此五次三番，隋军调防频繁，不露蛛丝马迹，陈国竟然也司空见惯，戒备松懈。直到隋将贺若弼大军渡江而来，陈国居然未有觉察。

隋军如同天兵压顶，令陈兵猝不及防。隋军袭击并占领了陈的南徐州，逮住了南徐州刺史黄恪。

贺若弼运用"瞒天过海"之计，故意一而再、再而三地用伪装的手段迷惑、欺骗南陈，使南陈放松戒备，然后突然行动，从而达到了取胜的目的。

"瞒天过海"之计说明，防备太周全反而容易

桂陵之战 公元前354年，魏国攻赵都邯郸，次年赵向齐求救。齐王命田忌、孙膑率军援救。孙膑率军围攻魏都大梁，使魏将庞涓赶回应战。孙膑却在桂陵伏袭，打败魏军，并生擒庞涓。孙膑在此战中避实击虚、攻其必救，创造了"围魏救赵"战法，成为两千多年来军事上诱敌就范的常用手段。

产生麻痹松懈的情绪，因此，真正的秘密往往隐藏在非常公开的事物里；另一方面，"阴阳"虽然看似是矛盾的两面，事实上却是相互包容、互为所用的，也就是说，世上并没有完全对立的两种事物。

"围魏救赵"之计，原计出自战国时期齐国与魏国的"桂陵之战"。

公元前354年，赵国进攻卫国，迫使卫国屈服于它。卫国原来是入朝魏国的，后改向亲附赵国，魏惠王不由十分恼火，于是决定派庞涓讨伐赵国。不到一年时间，庞涓便攻到了赵国的国都邯郸。邯郸危在旦夕。赵国国君赵成侯一面竭力固守，一面派人火速奔往盟国齐国求救。齐威王任命田忌为主将，以孙膑为军师，率军救赵。

孙膑出计，要军中最不会打仗的齐城、高唐佯攻魏国的军事要地襄陵，以麻痹魏军。而大军却绕道直插大梁。孙膑得到齐威王的赞赏。

"围魏救赵"之计的原典说：

共敌不如分敌，敌阳不如敌阴。

意思是说，进攻兵力集中、实力强大的敌军，不如使强大的敌军分散减弱了再攻击；攻击敌军的强盛部位，不如攻击敌军的薄弱部分来得有效。

东汉初年，汉明帝派大将军窦固率军西进攻打匈奴，著名军事家和外交家班超也随军前往。为联络西域诸地共同对付匈奴，窦固派班超到西域去。

班超一行36人历尽千辛万苦，首先来到西域的鄯善。开始时鄯善王对他们很友好，可过了不久就变得冷淡了。原来，与汉朝为敌的匈奴也派使者来到鄯善，不断向鄯善王施加压力。

班超立即召集大家商议对策。他说："我们来到西域，无非是想立功报国，现在鄯善王因匈奴使者的到来而变得优柔寡断。我们该怎么办呢？"

大家认为，如今到了紧要关头，所以都愿意听从班超的决定。于是，班超语气变得坚定起来："不入虎穴，焉得虎子。今晚我们趁黑

■ 匈奴骑兵图

河内郡 我国古代地名、行政区划。汉置，今河南焦作。自战国魏始有河内河东之名，而秦汉因以置郡。汉高祖即位时设置殷国，次年改名为河内郡，位于太行山东南与黄河以北。隋废州，后仍为河内郡，后又为怀州。宋曰怀州河内郡，金又曰怀州。

夜发动火攻，消灭匈奴使者，这样鄯善王必定会同意与汉友好。"

夜幕低垂，班超率领36位勇士直奔匈奴使者的宿营地。班超让10个人擂鼓呐喊，制造人多的声势，其余的人放火烧帐，冲杀进去。一时间，匈奴使者的营帐大火熊熊，鼓声和喊杀声响成一片。匈奴人从梦中惊醒，到处逃窜，大都做了班超等人的刀下之鬼。

战斗结束后，班超把鄯善王请来，叫他看匈奴使者的首级。鄯善王吓得面如土色。班超乘机说服他与汉朝建立友善关系，鄯善王连连点头称是。为表诚意，鄯善王还把自己的儿子送到洛阳去做人质。

鄯善王舍汉而欲结交匈奴，主要有匈奴使臣相迫。如果班超强令鄯善王臣服汉朝，即使鄯善王表面答应，内心也不会真服。班超运用"围魏救赵"之计，采取以迂为直的办法，转而攻击自己的对手匈奴使臣，迫使敌人分散兵力，然后抓住敌人的薄弱环节发动攻击，及时扭转了不利的局面，挽救了濒临危机的汉鄯友好关系。

"釜底抽薪"之计，原

■ 班超（32年—102年），字仲升，汉扶风平陵（今陕西咸阳）人。是东汉著名的军事家和外交家。班超为人有大志，不修细节，但内心孝敬恭谨，审察事理。他曾出使西域，为平定西域，促进民族融合，做出了巨大贡献。

计语出北齐文学家、史学家魏收《为侯景叛移梁朝文》的"抽薪止沸"。这个比喻很浅显，道理却说得十分清楚。水烧开了，再兑冷水进去是不能让水温降下来的，根本的办法是把火退掉，水温自然就降下来了。

"釜底抽薪"之计的原典说：

不敌其力，而消其势，兑下乾上之象。

■ 袁绍画像

意思是说，不直接面对敌人的锋芒与敌抗衡，而是间接地削弱它的气势，也就是说用以柔克刚的办法转弱为强。

此计运用《履卦》"兑下乾上"卦象推理衍之，从循环关系和规律上说，下必冲上，于是出现"柔克刚"之象。此计用于军事，是指对强敌不可用正面作战取胜，而应该避其锋芒，削减敌人的气势，再乘机取胜的谋略。

釜底抽薪的关键是抓住主要矛盾，很多时候，影响战争全局的关键点，恰恰是敌人的弱点。指挥员要准确判断，抓住时机，攻敌之弱点。比如粮草辎重，如能乘机夺得，敌军就会不战自乱。三国时的"官渡之战"即是运用此计的一个有名战例。

鼓 在远古时期，鼓被尊奉为通天的神器，主要是作为祭祀的器具。在狩猎征战活动中，鼓都被广泛地应用。鼓作为乐器是从周代开始。周代有八音，鼓是群音的首领，古文献所谓"鼓琴瑟"，就是琴瑟开弹之前，先有鼓声作为引导。鼓的文化内涵博大而精深，雄壮的鼓声紧紧伴随着人类，远古的蛮荒一步步走向文明。

官渡之战

196年，曹操把汉献帝挟持到许昌，形成"挟天子以令诸侯"的局面，取得了政治上的优势。

197年春，袁术在寿春即今安徽寿县称帝。曹操即以"奉天子以令不臣"为名，进讨袁术并将其消灭。接着又消灭了吕布，并寻机取得河内郡。从此曹操势力西达关中，东到兖州、豫州、徐州，控制了黄河以南，淮、汉以北大部地区，从而与袁绍形成沿黄河下游南北对峙的局面。

198年，袁绍击败公孙瓒，占有青州、幽州、冀州、并州4州之地。袁绍的兵力在当时远远胜过曹操，自然不甘屈居于曹操之下，他决心同曹操一决雌雄。

199年6月，袁绍挑选精兵10万，战马万匹，企图南下进攻许昌，官渡之战的序幕由此拉开。

200年正月，袁绍发布讨曹檄文，农历二月进军黎阳，企图渡河寻求与曹军主力决战。同年农历十月，袁绍又派车运粮，并令淳于琼率兵万人护送，囤积在袁军大营以北约20千米的故市、乌巢。

恰在这时，袁绍谋士许攸投降曹操，建议曹操轻兵奇袭乌巢，烧其辎重。曹操立即付诸实行，留曹洪、荀攸守营垒，亲自率领5000步骑，冒用袁军旗号，衔枚缚马口，每人带一束柴草，利用暗夜走小路偷袭乌巢。到达后立即围攻放火。

袁绍听说曹操袭击乌巢，又作出错误处置，只派一部兵力救援乌巢，用主力猛攻官渡曹军营垒。哪知曹营坚固，攻打不下。

当曹军急攻乌巢淳于琼营时，袁绍增援的部队已经迫近。曹操励士死战，大破袁军，杀淳于琼，并烧毁其全部粮草。

乌巢粮草被烧的消息传到袁军前线，袁军军心动摇，内部分裂。曹军乘势出击，大败袁军。

乌巢 汉代地名。因其南临乌巢泽而得名。当时属于酸枣县管辖。故址在今河南省延津县境内。200年官渡之战爆发以后，袁绍屯粮于乌巢。曹操采纳谋士许攸的建议，亲率5000精兵夜袭乌巢，成功地烧毁了袁军的所有粮草物资，袁军大败。这是成功运用"釜底抽薪"之计的经典战例。

■《三十六计》之明修栈道暗渡陈仓

袁绍仓惶带800骑退回河北，曹军先后歼灭和坑杀袁军7万余人，官渡之战就这样以曹胜袁败而告结束。

古今的战争中，粮草是部队生存的根本。曹操与袁绍征战，正面交锋，曹操可能永远也无法击败袁绍，曹操巧用"釜底抽薪"之计，烧了袁军的粮草，断了袁军的根本，因而大败了袁军。

曹操的"釜底抽薪"又是一种"兜底战术"，妙处在于听之无声，视之无形，无穷如天地，艰知如阴阳，施用暗往明来、阴差阳错的手段，使对方堕于术中而不觉。

从上述用计实战过程中可以看出，《三十六计》无论是前一种类型还是后一种方式，都离不开阴阳辩证的思维方式。

事实上，正是这种以"阴阳"为核心的思维结构，使得中华民族的军事辩证法思想呈现出极为早熟而又极为完备的形态。《三十六计》至今仍具有强大的生命力。

阅读链接

曹操的阴阳谋略超群，这种谋略不仅体现在他的军事斗争中，也体现在他的用人策略上。对于名与实，曹操的政策是名至实归，更重实际；对于德与才，曹操的政策是德才兼备，唯才是举；对于廉与贪，曹操的政策是重用清官，不避小贪；对于降与叛，曹操的政策是招降纳叛，尽释前嫌；对于大德与小节，曹操的政策是抓大放小，不拘小节。

曹操处理上述5种关系的做法，体现了他的大气。这样的一种胸襟和作风使他广纳了人才，有人统计，到曹操去世前，他的核心谋士、重要谋士、一般谋士一共有102人，其中最重要的是荀彧、荀攸、郭嘉、贾诩、程昱五大谋士。而这5位当中，有4位都是主动来投靠曹操的，贾诩来投奔的时候还捎带了一个张绣，可见曹操的用人之成功。